ヤマメの魔法

湯川 豊

筑摩書房

ヤマメの魔法　目次

Ⅰ　イワナよ、目を覚ませ

Ⅱ　物語のように

Ⅲ　渓流図書館

Ⅳ　特別な一日

ヤマメの魔法

Ⅰ　イワナよ、目を覚ませ

あの川はどこへいった

あの川へもう一度行きたい、と僕はこのところ思いつづけている。そんな川はめったにあるものじゃない。なぜなら、もう一度行きたいと思うほどの川があれば、思うより先にさっさと行ってしまっているからだ。

あの川へもう一度行きたい。そう思いつづけているのは、行けないからである。僕のあやふやな記憶では、それはたぶんＩ川の上流域か中流域である。連れていってくれたのは、岩手県一関市に住む友人の吉田喜春さんだった。十年ほど前の初夏のよく晴れた日だったことを覚えている。

特別な子細はないのだが、七、八年前から一関から足が遠のき、吉田さんと釣りをする機会もなくなっていた。去年の初夏にひさしぶりに吉田さんと電話で話したのは他の用があったからだったが、そのときあの川のイメージが頭のなかで明滅した。僕はＩ川とおぼしいあの川について、われながら要領を得ない話を吉田さんにしてみた。

こういう川があった。林道がある地点で通行止めになっていて、原っぱのようにひらけたその場所で車を降りた。そこから小一時間、林道を歩いた。あれはたぶんI川じゃなかったかしら。

吉田さんは生《き》まじめで、万事に厳密な男である。ウームと唸《うな》ってしばらく思いをめぐらせているようだったが、「それだけじゃ、分からないなあ。でも、あなたが川の名前を忘れるなんてねえ」と溜息混じりにいった。言外に、年をとって忘れっぽくなったのか、という響きがあった。

いや忘れたんじゃないんだ。川の名前とその所在をのぞけば、鮮明すぎるぐらいに覚えている。

車のそばで仕度を終えた吉田さんの姿を見て、僕は笑ったじゃないか、なんとなくうれしくなって。彼はデイパックではなく、山菜とりなどで使う竹籠を背負っていた。そこに握り飯やらタッパーに入れたおかずやら、カップその他の携帯用食器がはいっている。頭にのっているのは、背負い籠にふさわしくひさしが短めの麦藁帽子だ。布袋に入れたままの2ピースのフライ・ロッドを片手に、「さあ、行こう」といって吉田さんは歩きだした。

僕は自分の握り飯などを入れたデイパックを背負って、彼のうしろについた。原っぱのなかの林道は車が通るのにさしつかえないほど整備されていて、なぜあそこで通行止めなのか、いぶかしく思った。原っぱは、灌木《かんぼく》と勢いのある夏草が生えていて、ところどころに赤茶色の地面が見えていた。夏の午前八時頃、日差しはすでに強く、木も草も空気も、すべてがきらきらと輝いていた。林道が原っぱを横切って木のまばらな林に入る。そこで、僕の記憶がいっとき空白になる。どんな道を歩いて川に着いたのかがすっぽり抜け落ちているのだ。

それからいきなり、僕は流れのなかに立ってフライ・ロッドを振っている。

両岸まで幅三〇メートルほどの広い石の河原があり、その真ん中に、明るく軽やかな、長い流れが通っていた。流れは一番前方にある落ち込みからはいったん楕円形にひろがり、やがてそれが平らな深瀬になる。林は両岸のゆるやかな斜面にまで後退しているから、流れは朝の光のなかにその裸身をさらしていた。

かすかに薄緑の色がさしている水は、このうえなく清らかで、しかもどこかなまめかしい。分厚い流れが裳裾《もすそ》をひくようにひろがって浅いザラ瀬になるあたりに僕は立っていた。胸がときめくのは、このあまりに美しい流れを見ているせいなのか、そこから大きなイワナが顔を出してくれる期待のせいなのか。

深瀬の下流部の真ん中に十四番のブルーダン・パラシュートをのせた、白いインジケーターがふるえるように左右に動き、流れようとしたとき、大きな灰色の魚影がスッとフライにしのび寄った。自分が何を見て何をためらっていたのかわからない。合わせが遅れ、コツンという手応えがグリップに残り、魚影が消えた。

目を上げると、谷は小さな階段状をなしていて、段の上にはまた同じような長い深瀬の流れがある。流れはゆるやかで、日の光がその流れと戯れていた。ずっと奥までこんな流れがつづくのだ。山の奥深くに高原のように広い空間が隠されていて、そこに流れがひそやかに生きている、と思った。釣りの記憶がそこで途切れているのはなぜだろう。中型のイワナを何匹かかけた気がするがさだかではない。

目に残っているのは次の場面である。

岸の斜面がさらにゆるやかになって、谷の河原が終って低い土手になるあたりに二、三本の大木があった。その木陰の草の上に、吉田さんと並んで座っている。

目の前のゆるやかに流れる水を見ながら、握り飯をほおばった。二人の間に、吉田さんが並べた三、四個のタッパー容器がある。フキと油揚げの煮もの、キクラゲとキュウリの辛子和え、塩漬けから戻したキノコのごった煮。それらを握り飯と交互に口に運んだ。流れを見ながら、吉田さんが少し不満げに、「天気がよすぎるんだな。出るはずの大型が出ない」といったのをたしかに覚えている。

そんなふうに場面の断片だけが鮮明に自分のなかに残っている。あの川へもう一度行きたい。長い流れが階段状にまっすぐつづいている、あの静かな川へ。今年の七月、吉田さんに頼んで「あの川」とおぼしいI川に同行してもらった。中流域も上流域も、吉田さんがかつてよく行った流れを長い時間かけて歩いてみたが、十年前のあの川はついに現れなかった。

あの川はどこへいったのか。もしかすると、僕がいつからか頭のなかでつくりあげた、夢の川、あるいは川の夢なのだろうか。

春を待つとき

新しい年を迎えてひと月も過ぎると、春を待つ気分がことさらに動き出す。

春を待つ気分といっても、ファウスト博士のように人生の春を再び呼び戻すなんて、大それた望みをいだくわけじゃない。色とりどりの木々の芽吹きが懐かしい旋律をかなでるような渓流の春に、今年もまた身をひたしたいという望みが日ましに強まり、年がいもなく悶々としたりするのだ。

　こういう望みあるいは悩みに対処するのには、二つの方法がある。

　一つは釣り仲間と集って、同病相憐れむかのごとく、渓流と渓流釣りへの思いを、少し下など向きながらボソボソと語り合うことである。なぜ下を向くかといえば、いい年をした男どもが、なんであれ胸をときめかせているなんて、やっぱり恥しいからでしょうね。

　ある年の二月下旬の某日、京都は南禅寺の湯豆腐料理屋で「渓流魚を語り合う集い」が催され、誘ってくださる方があって僕も参加した。この会は関西在住の渓流釣り師たちが、京、大阪だけでなく和歌山、兵庫、岐阜あたりからもやってきて、五十人も集まる盛況ぶり。故・山本素石《そせき》さんゆかりの人びとにもお会いできて、まことに楽しい半日を過ごしたのだった。

会では、中高年の男どもが春の悩みを語り合い、慰め合っていただけではない。琵琶湖博物館の学芸員の方が、本栖湖《もとすこ》で発見されて話題になっていたクニマスについて特別講義をしてくださるなど、学術的意義まで盛りこまれていた。

僕がとりわけ嬉しかったのは、天子山人《あまごさんじん》・新田雅一さんにお会いできたことだった。天子山人は素石さんのノータリン・クラブの創立メンバーのひとりで、素石さんのエッセイや話にたびたび登場するのだがお会いするのは初めて。

周囲の人びとが、新田さんの谷での身のこなしのみごとなこと、垂直の崖を軽々と登り降りし、岩場を行っても俊敏そのもの、と口々にいう。おだてているのではなく、開いた口がふさがらないという感じでいう。なにしろ、この時で八十七歳と聞いた。頭《こうべ》を垂れて、もって範とすべし、と軟弱なわが身を大いに反省した。

しかし、新田さん、谷へ行ってもアマゴがかわいそうで、ほとんど竿を出さないとか、確か素石さんが何度も書いていましたが、と僕は長年気にかかっていたことを尋ねてみた。

新田さん、精悍な顔を温雅にほころばせていわく。「昔はそうだったのですが、だいぶ前からまた釣るのが楽しくなりましたな、どんどん釣るようになりました」。周囲にいた数人が「釣りすぎですよ」という表情をしたような気がしたのは、僕のヒガ目か。どっちにしても、新田天子山人をカガミにしなければと、僕はさらにさらに深く頭を垂れて思ったしだい。

春を待つ望みだか悩みだかに対処するための、もうひとつの方法。

春早く（解禁早々に）谷へ出かけていって、ろくなことがなかったという事例を、できるだけたくさん、正確に思いだして、はやる気持をおさえることである。たとえば――

もう三十五年も前になるが、解禁日である二月十六日に千曲川上流部に釣りに行った。あたりは一〇センチほどの雪をかぶって白一色。流れに降りたところで、大きく一回転、宙に舞った。顔面から落ちたところが青氷の上、鼻はとっさに逸らすことはできたけれど、どういうわけか眉の上を切った。雪が赤く染まり、その雪に隠れるようにして畳二枚分ぐらいの青氷が張っていたのだった。

一緒にいたのは、まだ元気だった中沢孝さん。眉の上の三センチの傷を心配して、行った車でそのまま東京に帰った。釣りに行って、ロッドをひと振りもしなかったのは、あの時だけだったな。

これも二十年以上前のことだが、四月上旬、岩手の盛川《さかりがわ》にヒカリ釣りに行った。同行は岩手の釣り仲間四人ほど。

当時はミッジを使いこなすほどの知恵も技術もない（今でもないか）。十四番の胴長の鉤《はり》に赤い銅線を巻きつけた。フランク・ソーヤー流のキラー・バグを、冷えびえとした緩い流れのなかに入れた。

赤い色の目印がわずかに動いたので聞くように合わせると、一五、六センチの流線型の魚が釣れた。背はあざやかな藍色、体側から腹にかけてはメタリックな白銀色、色合いからするとサンマそっくりである。これぞ岩手の沿岸部の川にいて、早春だけしか釣れないヒカリだった。初めてヒカリを釣って、サンマの色をしてるから、食べたらうまいに違いないと、バカなことを思ったのを覚えている。

僕は二、三匹のヒカリと、これとは明らかに色合いも形も異なる銀毛《ぎんけ》ヤマメを数匹釣った。岩手の仲間のなかには、効率のいいエサ釣りをやった者もいて、その夜は吉浜の民宿で四十匹のヒカリを焼いたり揚げたりしての、大宴会になった。

翌朝、窓の外を雪が舞っているので驚いた。道路はもう真白で、運転席でハンドルを握る山田勝治さんは、「二日酔いがいっぺんにさめた」と呟いた。

峠を越えて遠野盆地に下りていくと、激しく降る雪につつまれて、車の前後左右が見えない。猿ヶ《さるが》石川《いしがわ》のほとりまで行ってはみたが、雪の中に一条の黒い流れがあるばかり。ようやくとった三日間の休日の、二日が雪に押しつぶされた。

とはいっても、早く春によみがえった流れの前に立ちたい。

芽吹きが始まったばかりの、ブナやコナラの浅緑にまじって、咲いたヤマザクラが灯をともしたように立っている。その斜面を前方にみながら十六番のマーチ・ブラウンを流れに浮かべると、魚が吸いこむようにそれをくわえる。手もとに寄せれば、錆色から回復した、二五センチはあるイワナのはずだ。

春、立ち返る

春の気配が好きだ。

ドライ・フライの釣りが中心だから、雪が残る谷に行くのはめったにないことだけれど、昔は釣りたいという欲求が先走って、まだなかば雪に埋もれている谷でロッドを振ったこともあった。八〇年代の初めだから、昔というより大昔というべきだろうが、雪の志賀高原でスキーを楽しむついでに、近くの川べりで釣りをした。川べりといったって、一メートル余りの雪が流れのすぐわきまで積もっているから、スキーをはいたまま、谷まで下りた。流れの二メートル上の崖で、手に息を吹きかけながらティペットの先に鉛を仕込んだウーリー・マラブーをつけた。

両岸の雪。裸の木々。その中を雪との対比でことさらに黒く見える流れが一筋。じつは春の気配なんて、どこにもありはしない。ただ釣りたいという気分だけが、すっとん狂に春めいているだけだ。

スキーをはいたまま、というより斜面でぬぐことができないまま、腰を少し下げた姿勢でキャストをくり返した。魚なんかくるわけがないや、と思っているところに、不意に強烈な当たりがあった。

魚の動きは、強く、重い。しかし、なにしろスキーをはいているから、うかつに動くわけにもいかない。魚を水中に長くあそばせた後で、だいぶ弱ったと思われる頃、エイッとばかり乱暴に抜きあげた。

少し平らになっている、硬いザラメ雪の上に、三五センチほどのニジマスが横たわり、バタンバタンと雪面を叩いた。そのときはリリースするつもりはなく、雪面で静かになる魚を見ていた。頬から体側にかけて、意外に鮮やかな薄紅色が走っていた。

春の色、のような気がした。

谷はまだ冬の粧《よそお》いのままだけれど、流れのなかにいるニジマスは、体のどこかに春を秘めている。そんなふうに自分勝手に魚体の上に思いをこらし、泊まっていた石の湯温泉の宿舎に魚を持ち帰って、夕食に魚の春をお腹の中におさめた。


いつだったかの春、花の頃の京都へ仕事で出張した。二泊ぐらいした用事だった。なにかしらすごく忙しかった年で、まだ谷へは行けないでいた。このたびだって、京都で花見をしている時間がない。

それでも二日目の夜は、友人のM君とひさしぶりに会って、鴨川ぞいのスキヤキ屋で鍋を囲むことができた。M君は仕事がデザイナーで、二年前からフライ・フィッシングを始めたところ。

こんな欲求不満の春に、フライ・フィッシャーマンに会うなんて、まったく利口なことじゃない。

M君がいうには、たまたまおととい天増川《あますがわ》へ行ってきた。なんだか日和がよくて、あまりうまくない自分でも、ヤマメが七匹釣れた。一緒に行った友人はもっとよくて——という話。

「ふーん、いいじゃないか」

聞く身の僕にしてみれば、釣りに行けない欲求不満が高じて、応じる声が暗くなるのが自分でもわかるほど。話が共通の知人のことなどになって、ひとしきりはずんだ後で、また釣りに戻ってきた。M君がいうには、一緒に行った友人にもいわれてしまったが、キャスティングがいつまでも上達しなくて、難がある。一度見てくれないか。

僕は他人にキャスティングを教える柄じゃないよ、ヘタだとみんなに笑われてるぐらい。そう答えたのだが、タイミングとか手首をまげる角度とかの話をしているうちに、夕飯の後で鴨川べりに行ってキャスティング練習会をすることになった。

花見の人がすっかりいなくなったほうがいいというので、夜中の十二時頃にM君と再度落ちあい、鴨川のうんと上流に行った。

川の西側は水面より少し高い平らな部分が広くあって、土手になっている。対岸の東側は、サクラの木が並ぶように立っていて、ぼうっと白く発光しているかのよう。こんな花見があるのかな、などと心中つぶやきながら、M君が仕度をするのを待った。

そこでM君は、なんとゲーリー・ハウェルズのバンブー・ロッド、七フィート四番を持ち出してきたのである。最近手に入れた。高かっただろう、どういうルートで？　などと短くやりとりした後、M君のキャスティングが始まった。

なるほど、M君はグラファイト・ロッドのタイミングで振るものだから、せかせかと早くなって、バンブー・ロッドではループが乱れがちで一定しない。まあ、僕自身だってそうだけれど、なんて思いながらも、ハイッ、ハイッとM君がロッドを前後に振るための、掛け声をかけた。夜中の河原だから、声を出したほうが万一人が通っても怪しまれない。

三十分ほどで、M君と交替した。ところどころ黒光りしている流れに向ってラインをのばす。なんという、張りがあって曲りがきれいなロッドなのだろう。シングル・ホールでスーっと二〇メートルのラインが出る。

リーダーの先には、鈎先を折った、大きくて白っぽいパラシュート・フライがついている。一〇メートル先のゆるい流れに落としたその鈎先なしのフライが、不自然に流れに吸いこまれた。僕はM君のフライ・ボックスから、鈎先のついたライト・ケーヒルをとりだし、ティペットに結んで、もう一度流れに向った。フライが見やすいように、五メートル先の水面に何度か流してみた。

フライがスッと水中に消えるのを見て、手首をかえすと、魚がかかった。少し力を入れてひっぱりあげる。手でおさえた魚は、意外なことに二〇センチほどのヤマメだった。上流とはいえ、街の中の鴨川の流れである。僕はハヤ（ウグイ）に違いないと、かけた瞬間思ったのだった。

M君が近寄ってきて、懐中電灯で魚を照らした。ヒレもきちんと整った、自然体のヤマメだった。すぐにフライをはずし、夜の流れに戻した。

「やっぱり、噂どおり、あの連中がヤマメを放流したんだな」

とM君がいった。ある渓流釣りクラブで、街の中の鴨川にまでヤマメを入れたという話を何度か耳にした、とのこと。

僕はM君の話を聞きながら、対岸のサクラを眺めていた。発光する白いかたまりは、幻のようで、何かを語ろうとするのではない。ただ、けっこうきびしい川べりの冷気のなかでも、たしかに春が立ち返っている。サクラの春、ヤマメの春。

やがて、この花も散って、春がゆく。ヤマザクラの咲く谷でヤマメを釣りたい、はげしくそう思った。

ある年の四月末に、秋田の檜木内《ひのきない》川水系の支流をどこまでもさかのぼっていった。車が通れる林道は、ずっと手前で終っている。そこから、流れの中に入り、本気で上流に向って歩きだした。魚の出が思わしくないのにがっかりしながら、一時間ほど進むと、流れがほぼ直角に右に曲っていた。その曲り角に立つと前方の流れに多くの倒木があり、ずいぶん荒れていた。去年、大水が出たと聞いたが、谷のこのあたりがやられたのだろうか。

それでも、ブルーダン・パラシュートを流れの上に乗せつづけていると、その荒れた流れの中から型のよいイワナがいくつも出た。ここから先がいいのかもしれない。そう思ったのは確かだけれど、それだけでなく両岸のゆるやかな斜面のブナやコナラの芽吹きが、その日の心地よい暖かさも手伝って、僕を谷の奥へと誘っていたに違いない。

さっき立った曲り角から、流れが五〇メートルほど真直ぐに続いた。そして流れは今度は上流に向って左に、直角に曲っていた。その二番目の曲り角に立って上流を見て、僕は思わず息をのみ、立ちすくんだ。

少し幅をせばめた流れが、ゆるやかな階段状になって、先が見えなくなるまで真っ直ぐにつづいている。階段の一段分の流れは三〇メートルほどで、三〇メートル上流に岩場にさえぎられた落ち込みがある。両岸は斜面が後退して平らになり、木々がまばらな間隔で水辺を縁取っていた。黄緑、薄緑、赤黄、どきっとするような赤。木々が思い思いに芽吹いて、その色あいの微妙な変化は、まるで春の音楽をかなでているかのよう。両側の木々の上に、薄い靄《もや》のかかったような青空が一直線に続いている。

春のこの流れの奥へ、どこまでも、どこまでもさかのぼっていこう。春の夢の中にいるのだと思いながら、ゆっくりとロッドを振った。

花のジンクス

愛媛県の西条市から寒風山《かんぷうざん》トンネルを通って高知県の本川村《ほんがわ》へ抜ける。僕たちはそのルートで吉野川源流部へ行こうとしているのだが、寒風山トンネルに入るずっと前から、窓外の風光に目を奪われた。

両側に迫っている山の斜面は急峻で、全体が岩山の感じ。しかし岩肌の見えるところは少なく、浅い緑がたなびくように斜面をおおっていて、そのところどころに白と桃色と薄くれないの花々が咲いていた。数多いヤマザクラの花々、かたまっているのはヤマツツジの群生。

わずかに靄がかかってかすんでいる斜面に朝の光があたって、その部分は花の輪郭がはっきりしている。

春爛漫《らんまん》の風光を、口をあけて茫然と見とれていたのだが、心のなかにチラッと暗雲がかすめるのを、僕はできるだけ気づかないふりをしていた。しかし、いくらふりをしたって、暗雲の影はある。それは何か。

こんなに完全な春の美しさに出会うときは、ろくなことがないのだ。ろくなことがないといっても一身上の危機が迫るわけではなく、要するに魚が釣れないのである。とくに花がいけない。ヤマザクラとかヤマツツジに目を奪われるときは、きっと魚が釣れない。

そこに因果関係があるのか、単純に僕だけの身にふりかかるジンクスなのか、そのへんがもうひとつはっきりしないのだが、ジンクスはジンクス。それに、僕だけの身にふりかかったわけじゃない。運転している阪東幸成さんも、後部座席で春のライズ、春のライズとまじないみたいにつぶやいている宇田清さんも、吉野川源流部一帯を転々としたこの日はまったく釣りにならなかった。


僕がその不運をつれてくるわけではないのだけれど、とにかく森や川べりに花が咲いていると、ろくな釣りにならないのである。四国の釣りでいえば、行った年は違うけれど、四万十《しまんと》川中流域に流れ込んでいるK川に入ったときもそうだった。

このときの同行者は阪東幸成さん一人。なるべくあたりの美しさについては口にしないようにし、とりわけ集落のあたりに静かに咲いているヤマザクラには目もくれず、支流のいちばん奥にある村のはずれ、橋のわきから流れに下りた。さかのぼってゆくと、流れはすぐにせまくなって、幅一〇メートルに満たぬほどになったが、ヤマメの気配は十分にあると思った。

気がつくと、ゆるやかな土手になっている両岸が緋色の花におおわれていた。クサボケの花が、まるで庭先に配置されたみたいに、一定の間隔をたもちながら、しかしいかにも無雑作に咲き乱れていた。

阪東さんが、花のすぐ下で型のいいヤマメをかけた。体高のある、パーマークがくっきりしたヤマメで、さすがに四万十川、などと僕たちは上機嫌でヤマメをほめあげた。

しかし、それっきり。あとはたまに一五センチ前後の小ヤマメがフライにまつわりつくばかり。クサボケの群落がとだえて、土手が消えて林が流れを囲むようになってからも、小ヤマメがポツンポツンと出るばかり。

二時間後、僕たちは花かざりのクサボケのところに戻った。青草の上にガス・ボンベを置き、コーヒーを淹《い》れた。不思議なことに、魚が釣れない不満を忘れていた。クサボケの気どらない花に囲まれてコーヒーを飲んでいると、四国の山奥の任意の一点にいるだけですっかり満足している自分がいた。

立て！　コーヒーなんか飲んでる場合じゃないぞ！　という声も頭のなかに聞こえないわけではないのだが、迫力がなくていつのまにか消えている。阪東さんも僕も、意味もなく頬笑みながらコーヒーなんかを飲んでいるのだった。


サクラでもボケでもツツジでも、木に咲く花がいけない。流れのそばに立ってロッドを振っている、その視界に否応なく入ってきてしまうからいけないのだ。地面近くに咲く草花なら、釣りの邪魔をすることはない。そのために、魚が釣れないということはない。そう考えたこともあった。

現に、秋田の檜木内川水系のある沢では、イチリンソウやニリンソウの、白い可憐な花の群落のなかで、記録的な大釣りをしたではないか。左岸が山裾、右岸に林道がついているけれど、林道はところどころ崩壊していて車は進めない。川の入口までタクシーで行き、一日かけて、怖くなるほどの流れの奥まで行くのがならいである。

若葉の萌えはじめるころ、ニリンソウの白と薄い水色の花々が河原をおおっていた。小さな花を靴で踏みにじるのがいやで、なるべく流れのなかを進んだ。

流れは石灰岩が溶けだしているかのように、半透明の白いヴェールでおおわれ、初夏の澄みきった水と違うその薄膜のような白っぽさが、いかにも春の色という感じだった。流れのなかから湧くようにヤマメが現れた。二五センチぐらいの良型に、ときおり三〇センチ以上がまじった。魚体の頬から体側にかけて薄くにじんでいる紅色は、ヤマザクラの花がそこに宿っているのかと思われた。

いや、待て待て。自分のつごうのいいことだけを思いだしているな、と何ものかが僕の衿首をつかまえる。草花ならジンクスにならないなんて、いいかげんをいうな。同じ檜木内水系の、もう一つの沢のことを思いだしてみよ。カタクリの花の群落がつづき、黄色いテンがそこを駆け回っていた日、ふだんなら平均した釣果《ちょうか》がのぞめるあの川で、からきしダメだったではないか。僕はあまりの釣れなさに、カタクリの花のなかに腰を下ろし、十一時と一時と、二回も昼食をとったのだった。

　しかし季節は春。ほんとに花のジンクスがあるのかどうか、その例証をこりもせずに集めるために、岩手の谷に出かけなきゃあね。

イワナよ、目を覚ませ

五月中旬、新潟と山形の県境にあるその小さな集落は、ちょうどサトザクラが満開だった。僕たちは県道に車をとめて、その下の急な斜面にへばりついている家々を見下ろした。小学校の廃校跡にも、墓石が寄りそって立っている墓地の一隅にも、大きなサトザクラが豪勢に咲いていて、あいかわらず人影の見えないこの小集落を淋しくはなやかにしていた。

家々が螺旋《らせん》状に並ぶ斜面の、いちばん底に一筋の流れがある。この三、四年、どういうわけかそこでいい釣りができなくなった。だから最初からあきらめてここを通過し、別の渓谷に向かおうとしている。

十年ほど前に初めてこの集落に足をとめ、谷間の底にある流れでロッドを振ったときと、家々のようすはほとんど変わらず、時間が停止しているように感じたのだけれど。

初めてこの集落に来たときのこと。県道から斜面につけられた細い舗装路を下りていって、おあつらえむきにあった広い空き地に車をとめた。空き地の近くにある二軒の家には人影が見えなかった。そういえば、人家を縫うようにして川まで下りていったときも、ひとりの村びとにも会わなかった。

七月初めの午後、強い夏の光の下に谷間の集落ぜんたいが黙りこくっていた。気味がわるいほど静かだ。いくら山間の過疎村といっても、人っ子ひとり姿を見ないのはなぜなのだろう。

といっても、人の気配がまったくないというのではない。流れの高いところにかかった橋を渡ると、橋のたもとの空き地に作業中らしい軽四輪がとまっていた。車をとめ、橋の上まで戻って流れを眺めていたとき、たぶん上にある家からだろう、子どもの笑い声とかん高い叫び声が聞こえた。

しかしその後は、夏の暑さのなかの、気味が悪いような静寂。人の気配があっても姿が見えない。集落全体が押し黙ったまま、われわれをじっと監視しているのではないか。

同行の坂西康成君も僕と同じような感じをもったらしい。ロッドを手にして車を離れるとき、「なんだか気味のわるい村だなあ」とポツリと漏らした。「こっちは悪いことをしようとしているわけじゃないんだけどね」と僕は軽口を叩くように応じたが、ほんとは悪いことをしているのかもしれない。都会から車でやってきて、闖入者《ちんにゅうしゃ》としてロッドを振りまわす。何のことわりもなく渓流魚をとる。いや、とるのではなく、魚は戻してくるのだとしても、たしかにわれわれは闖入者だった。

流れをさかのぼり、中型のイワナがポツポツと出だすと、僕はつごうよくうしろめたさを忘れた。魚が釣れればたいがいの反省はムダになるのだ。

さっきその上に立って流れを覗いた橋をくぐったあたりから、イワナの型も大きくなり、出もよくなった。谷の左岸が高い急傾斜になり、右岸がほとんど崖になって切り立ち、直射日光が当たらぬ部分が大きくなったせいかもしれないし、時刻が夕暮れに近づきつつあったせいかもしれない。

カゲロウとトビケラの羽化が急速にふえて、川面がにぎやかになった。

崖下の長いゆるやかな流れまでくると、ポツンポツンとライズがあった。と同時に、上のほうから犬の吠え声が降ってきた。崖の上に家があり、そこに繋がれた犬が吠えているのだったが、長くてあまり深くないトロ場でのライズを目にしては、人家も人目も犬もどうでもよくなった。

僕が十二番のエルクヘアー・カディスで、すぐ目の前のライズをとると、イワナは二五センチあった。次は坂西君の番。

一五メートル前方、幅七、八メートルの流れの真ん中に、ゴボッ、ゴボッと、水紋がひろがっている。ライズのかっこうからして、大物に違いない。

坂西君のピンクのインジケーターが流れ出した瞬間、魚が出た。魚が出て、あろうことか大きく水面におどりあがった。水面に平行して全身が見えた。一瞬目にしたものは、息をのむほど大きかったから、四〇センチ近くはあったはずだ。

坂西君がアッと叫んだのと、ロッドを倒したのと、どっちが先だったろう。リーダーがぐねぐねと水に押されて流れ、彼は天を仰いだ。ティペットをたぐり寄せてみると、先端にフライはついていなかった。

長いトロ場を過ぎると、また渓相が変わった。左岸にコンクリートの護岸があり、流れはそこに押しつけられるように狭く強くなった。苦労して急流を押し分けて進むと、川幅は元に戻って、段差のある岩場になった。

岩場の端にたどりつき、前を覗くと、流れの真ん中に大イワナが尾をゆったりと振って定位していた。僕がそれを釣りあげたのを皮切りに、そこから一〇〇メートルつづく岩場で、僕たちは何匹のイワナを誘いだしたのだったか。

二五センチから三三センチほどのイワナ、しかも丸々とふとったイワナが全ポイントから出た。いや、魚はポイントとも思われないところにも、しっかりといた。

静寂に包まれた集落の、谷間の底の流れ。水面に羽虫がまつわるだけの静けさのなかで、僕たちはロッドを振り、フライを流して、イワナよ目覚めよ、と起こしてまわったような気がした。イワナたちは、夏の午後の流れのなかで、あるものはまどろみ、あるものは面倒くさそうに羽化する虫を食っていたのだろう。

それが、その山間の集落での最初の釣りだった。そしてここに通いだした三、四年後には、村びとと言葉を交わすようになった。この僻地に身を寄せあうようにして住んでいるのは、ヨソ者を監視するような陰険な人びとではなく、お婆さんもおかみさんも、日に焼けた中年男たちも、明るく愛想がよかった。

ただし、そこが沈黙の集落ではなくなったころ、理由不明のまま、魚が釣れなくなった。今年のように、車で通過するだけの土地になってしまったのである。

十五年の後に

まず、十五年ほど昔の話になる。

ひっそりした二十戸ほどの集落を過ぎると、後は流れに沿って奥にのびる林道があり、二キロほど先で流れは二筋に分かれた。林道もまたそこで二筋に分かれたが、そのあたり一帯に、以前は畑があったらしい。今は雑草が生い茂る明るい広がりになっていた。

梅雨どきに行くと、アカショウビンを目にした。野の広がりの向こうの斜面に、炭焼き小屋があるらしい。細雨のなかをまっすぐに白い煙が立ち昇っている。それに見とれていると、視野のなかを真っ赤な鳥が横切ることが何度となくあった。背後は、雨が濡らした緑の低山である。アカショウビンはその緑から浮き出すような鮮やかな赤色を輝かせて飛んだ。

二つに分かれた川は、右へ行くとほどなくダムに行き当たる。左のほうは、五メートル幅の細い流れがぐねぐねと屈折しながら、尽きるかに見えていつまでも尽きずに続いた。だから僕は左のほうの流れをたどることが多かったが、高くなった林道から踏み跡をたどって眼下の流れに降りようとしたとき、キョロロという声をあげて斜面から飛びたつものがあり、それがアカショウビンだった。顔の二メートル右を、赤い色のくちばしが飛んでいった。

そんなことが格別な出来事として記憶に残るほど、いつ行っても静かな谷だった。むろんそこここに釣りびとの痕跡を認めることはあったが、その谷へ行くときは極力土日を避けていたせいか、他の釣りびとに会うことは十度に一度もないぐらいだった。


そういう静かな谷の静かな流れで、一投一尾というような釣りをした。二〇センチから二五センチほどのイワナを釣っては放しながら川をさかのぼっていくと、自分がどこにいるのか、ふとわからなくなることがあった。

そんなときは、今朝方、日が昇る頃にタクシーで集落の上流に来たこと。それから流れをたどってここまで来たことを大げさに確認する。頭のなかでそんな一人芝居をしてみる必要があるほど、このやすやすと歩ける静かな谷には妙に神秘的なところがあった。

ある年の七月、友人が運転する車で山形の置賜《おきたま》地方の川をめぐり、どの川にも見事にふられたことがあった。東京を出て三日目、きょうは帰るという日の夕方、思い切ってこの川に寄った。最後の頼みの綱にすがりつくという思いだった。

夕暮れに、農作業から戻る人びとの目を逃れるようにこっそりと林道を進み、川が左右に分かれる少し手前の橋から流れに入った。減水ぎみの流れに夕暮れの斜光が射して、静かな谷がいつになくはなやいでいるように見えた。いや、谷がはなやいで見えるのは、斜光の明るさのためだけではなかった。スーパー・ハッチとまではいかないとしても、虫たちがにぎやかに羽化していて、それが流れの上にとどまり、揺れていた。

僕はフライ・フィッシャーの習慣にしたがって、ハッチのかたまりのなかに帽子をつっこんで横に振り、アカマダラとシロタニガワらしきカゲロウがいることを確認したが、そんなこざかしい動きがちょっと恥しくなるほど、あたりは静寂につつまれていた。

カゲロウの羽化は続き、明るい流れにも陰になった流れにも、魚がライズした。そこには気軽に入ってはいけないような、絶対的な空間が出現しているような感じがした。ボーッと流れを見ている僕に、友人がどうかしたのか、と声をかけてきた。僕は黙って首を横に振り、ほとんど機械的にロッドを振りはじめた。

魚はあっけなく、いくらでも釣れた。五匹に一匹はヤマメがまじった。そしてこの谷がいつもそうであるように、二〇から二五センチの魚がほとんどだった。一度だけ、尺ものらしき魚がエルクヘアー・カディスを襲ったが、かけそこねた。しかしそのことで気持が苛立つこともなかった。

そして今年（二〇一二年）の六月初め、友人のテンカラの名手、綾部啓治さんと十年ぶりでこの谷を訪れた。

好きだった谷から足が遠のいたのは、理由があった。いつからか、少しずつ釣りびとがふえてきたな、と感じた頃、釣り雑誌に大々的に紹介された。どっと人が押しかけているという話を耳にして、行くのをやめた。

綾部さんとの釣行は、すばらしく爽やかな日和に恵まれた。朝の九時頃、集落のすぐ下手にある橋のわきから谷に降りると、濃いフジの花の香りにつつまれた。そこは川幅のあるまっすぐな流れで、底には小石が敷きつめられている。昔は幅広のヤマメが何匹もフライを追った。

綾部さんはテンカラ、僕はフライ、いつものように交互に釣り上がっていくと、流れの両岸に、あたかも流れを飾るように、薄紅色の花をつけたタニウツギがずらっと並んでいた。

綾部さんと顔を見合わせて溜め息をついたのは、あまりに谷が美しいせいだったのか、そこで魚の影がまったく見当たらなかったせいだったのか。僕はただ、「風景だけは桃源郷ですね」と短く口にしただけだった。

上流部に車を止め、二叉のところから右と左の流れの両方で、真剣にロッドを振った。岸辺にはよく踏み固められた小径があり、今は人影がなかったが、近年人びとが押しかけてきた痕跡がみとめられた。そして魚はいない。

僕は綾部さんにいいわけがましい話をしないことにした。小ヤマメと小イワナを二人で三匹ずつかけた後、黙々と林道を戻った。美しすぎるような谷の風景だけが残り、魚のいなくなったがらんどうの流れがそこにあった。

見える魚

六月半ばで、早暁《そうぎょう》の谷には夜の冷気が残っていた。広い河原を一行は黙々と歩いた。水量はちょうど良いように思われたが、この奥深い谷の案内役をしてくれたOさんによれば、しばらく続いた好天で水量がどんどん落ちたが、まだ少し多目だという。

同行は岩手県大迫《おおはざま》の高橋啓司さん、その友人と僕、それにOさんの計四名。岩手でも屈指とされる奥深い大渓谷の、その奥のほうに初めて入る。

流れは三筋かそれ以上に分かれて、広い河原にかけられた網目のように複雑だ。ところどころに落ち込みとそれに続く小型の淵とトロ瀬があり、いかにも魚がいそうだったが、僕たちはロッドを出さずに上流へ急いだ。四十分ほどはひたすら河原を歩く。そうしないと核心部でゆっくり釣りができない、とOさんにいわれたからだ。

日が高くなって、谷が明るくなった。朝の光のなかで、流れの透明さがきわだってきた。網目のようだった流れが二筋ほどの大きな流れに束ねられ、二つの流れの上にたどりつくと、大きな広い淵が現れた。そこでロッドを振りはじめた。

広い淵の流れ出しから数メートル後退して、高橋啓司が不動の姿勢で立っていた。追いついて斜め後ろに立つと、啓ちゃんは僕のほうにふり向き、前方を指でさした。彼の指は前方のカケアガリではなく、もっと遠くに向けられている。そう思いながら手前から遠くへと視線を移してゆくと、淵のまんなかへんに、灰色の魚影がかろうじて見えた。あれだと水面下五〇センチから一メートルあたりにいるのだろう。影は薄緑色の水中にとまっていて動かなかった。見える魚を釣る。フライ・フィッシングのおもしろさの一つだ。

啓ちゃんは一五メートルのラインを、魚の頭上にこないように、斜めから一気に投じて、パラシュートのピンクのインジケーターが魚の二メートル上流にふわりと浮いた。もどかしいほどゆっくりとフライが流れ、魚の頭上を通りすぎてしまった後で、魚が少し動いた。水中の影が気まに左右に揺れたように見えただけだったが。

ラインを拾いあげ、もう一度、まったく同じ角度から同じ長さのラインを出した。インジケーターが一メートル下流に動いたとき、水中の影がすーっとフライに近づき、水が小さく盛りあがった。鉤がかりした魚が白泡を水面に散らし、リーダーが水中に引きこまれた。リーダーが稲妻形に淵の静かな水を切った。魚はじりじりとロッドのほうに引き寄せられ、寄せられるたびに水面近くに浮いた魚体が見えた。三〇センチをゆうに超す。大きなイワナだった。ネットにおさまった魚体は厚みがあって精気がみなぎっていた。

ライズはしてなかったようだね、と僕が訊ねると、啓ちゃんは、「そうなんですよ、中層にいるのが、あんなふうにドライに浮上してくるんですよ、ここのは」と答えた。

淵は両岸がゴルジュふうの岩の壁で、小さな高巻きでそこを越すと瀬に出て、河原を一〇〇メートル歩くと最初のと同じぐらいの大淵が出現した。大淵はかなりの水深があったが、それを囲んでいる垂直の壁がそんなに高くないこともあって、水の色は明るかった。

大淵と瀬が交互にある。この懐深い谷はどこまでいってもその連続だった。僕たちは、淵で一匹か二匹、ときには三匹の魚をかわりばんこに釣り、淵を越えてまた先へ進んだ。

僕も淵のどまんなかにいる大イワナを十四番のブルーダン・パラシュートでかけた。鉤がかりして水中を疾走する魚を、ハウェルズの七フィートのロッドがきれいに曲って動きを追った。ひさしぶりに重いなあと思いながら、魚を岸辺にずりあげた。

とりわけて大きな淵にくると、Oさんがヤブこぎして水面を見渡せる岩の上にかけあがった。岩の上に身をかがめ、腕を手旗信号みたいに振って、ここと、ここに魚がいると指示してくれた。淵尻に立っている僕たちには魚影が見えないくらい遠い。二〇メートルの遠投をして、「見えない魚」をかけたりかけそこねたりした。

Oさんはこの谷を知り抜いているとはいえ、魚を見つける視力は異常というほかなかった。淵尻に立って、二〇メートル先の岩壁の根に魚がいる、という。僕にはどう目をこらしてもそれが見えない。水中に影があるようにも見えるし、ないようにも思える。つまり見えないのだ。Oさんは二番ラインを細身のグラファイトにのせて、パラシュート・フライを魚の口元に落とした、としか思えないぐらい、フライが着水すると同時に水が割れ、大きな魚が半身をさらしてフライをくわえた。必要にして十分な時間をかけて、Oさんの柄の長いネットにおさまったのは、三六センチの砲弾みたいなイワナだった。見える魚を釣るといっても、見えない魚を見てしまう人もいるのだ。唸った。

昼を過ぎると、イワナはカケアガリに定位し、しばしばライズした。虫の羽化がぽつりぽつりと始ったのだ。

左岸の岩が変則的に後退し、正面の流れ出しとは別の流れが浅い溝のようにその岩ぞいにできている所に、一匹のイワナが小さなライズをくり返していた。啓ちゃんがその場所に先着し、ボディが水中に入るイワナ用のパラシュートで攻めつづけたが、魚は反応しなかった。彼はついにあきらめ、右岸を高巻きして淵のもうひとつ上にある淵に進んだ。二段の淵が連続しているのだ。

僕は啓ちゃんが立っていた場所から、彼が見限った魚をまじまじと見た。細い溝にいる魚の全長が見えた。時折、ゆったりと動いて、流下している虫を吸い込んだ。小さなライズがまた始っていた。

フライを十四番のブルーダンから十六番のブラウン・パラシュートに替えた。一回のフォルス・キャストでフライを魚の一メートル前に浮かせた。三秒後、魚がフライを吸い込み、僕は手首をかえして魚をかけた。二、三歩後退して魚を溝から淵のひろがりに引きずり出した。魚を手にし、巻尺ではかってみると三五センチあった。

イワナを水に戻したあと、顔をあげると、二段になっている淵の、上のほうの岩場に啓ちゃんが立っていて、見た、というふうに片手をあげ、白い歯を出して笑った。

午後三時すぎ、帰途についた。川通しで、淵の高巻きを今度は慎重に下りた。朝、ロッドを出さずにとばして歩いてきた地点まで戻ると、啓ちゃんはロッドを振りはじめ、ラインをのばした。ポイントごとに魚をかけては放し、すごい速度でそれをくり返しながら釣り下っていった。僕がロッドを出さずに、ゆっくり河原を歩いて帰る、その同じ時間内で彼は魚をかけては放すのをくりかえしたのだった。

入渓点にたどりつき、五分と待たぬうちに彼が到着した。そして「やあ、帰りは入れ食いでしたよ」といった。並んで林道を歩きはじめたとき、彼は、『ライズしてたあの大物を釣られたのがくやしくてね、腹いせに帰りに爆釣したんですよ」といった。そういってニコニコ笑っている啓ちゃんは、ちっともくやしそうには見えなかったけれど、まあ二十年に一度ぐらいは、そういうこともあるさ。

真夏の夜の闇

俳句の季語に短夜《みじかよ》という言葉がある。夏の夜の短さをいう。夏至は、一年でいちばん昼が長く夜が短い。そこで僕たちは夏という季節を感じている。短夜につきものの言葉があって、明けやすし、という。夏の夜は、四時頃から明るくなるのだから、明けやすしというのも、よく時候の特徴をとらえた言葉であるに違いない。

夏はたしかに夜が短く、明けやすいとしても、夏の夜の闇が浅いわけではない。山のなかの流れの近くでテントを張って寝ていると、ふとあたりを包んでいる闇の深さを感じることがある。どうしてだろう、夏の夜の闇は、身に迫ってくるほどに深いのだ。

闇の深い浅いとは関係ないことではあろうが、夜のとばりが下りてくる頃、鳥や獣が妙に忙しげに動きまわるのをたびたび経験している。野ウサギが数匹林道に現れて、ヘッドライトに照らされながら車の先導をしてくれたりする。ヨタカもまた薄闇の林道を舞台にして、羽の内側の白い部分を車の光にさらしながら、傷ついた擬態を演じつづける。西の空が遠い光のなかに暮れ残る頃、ホトトギスの空気を切りきざむような声が、帰路を急ぐ僕の耳に快いひびきを残す。

昔は（あるいは今でもそんな風習が残っている山村があるかもしれないが）、イワナの夜突きという遊びが村の若者に受けつがれていた。これは遊びとばかりはいえず、蛋白源の確保という実用性もなくはなかった。そのイワナの夜突きは、真夏の夜の谷とほぼきまっていた。

ある年の夏、山形の鳥海山中にテントを張った僕たち四人が、衆議一決、近くの夜の流れに下りていったのは、しかし、イワナの夜突きをするためではなかった。そんなことをする必要がないほど、昼間快適な釣りをして、僕たちはそれを話題にして上機嫌で夕飯を終えたのだった。

その夕飯のとき、誰からともなく、カジカの抜群のうまさが話に出た。みな、その味を知っていたから、話は熱をおびた。四人の口中に唾《つば》がたまって、あげくのはてに、カジカを突こうということになった。

怪しげな、違法的行為である。あらゆる犯罪者がそうであるように、僕たちも自分の行為をひたすら大目に見た。まあ、これは少年の遊びみたいなものさ、と五十男どもがそれぞれいいわけを胸中でつぶやいた。

僕は右手に短いヤス、左手に大型の懐中電灯を持って、カジカを狙って浅い淵をのぞきまわった。

ぐるりと丸いかたちで岩に囲まれた小さな溜りの、少しへこんだ岩かげのなかに、じっと動かない一匹のイワナがいた。二〇センチほどのイワナは、照らした光のなかでまさに金色の衣装をまとっているように見えたが、瞼《まぶた》のない魚の目は動かず、体もまた微動だにしなかった。

そこに深い沈黙があることに、僕は打たれた。流れのなかに眠る魚の、身のまわりにある沈黙。流れにも魚にも、夏の夜の闇の深さがあるのだと思った。


打当川《うっとうがわ》の水系で遊んだときのことである。

本流にあたる流れは、林道に近い入渓点から入ると、五〇〇メートルほど進んだところで大きな堰堤《えんてい》にさえぎられる。堰堤の両側はともに垂直に近い岩壁で、高巻きを許さなかった。しかも、堰堤に近づくにつれて、釣れるイワナの型が目だってよくなる。よくなったところで堰堤の壁に行き当たるのだから、何とも心がおさまらないのだった。

堰堤の上に出る道は、二万五千分の一の地図にも描かれていない。林道は入渓点から左にそれて、左から入る支流に寄り添うようにして奥へとつづいているというだけ。

ところがある日、ふとしたことから細い踏み跡のような山道を見つけた。堰堤の近くの流れに下りていく細道の途中に、それは茂みに隠れるようにしてあった。丈高い草と灌木のかげに隠されたこの踏み跡は、もしかすると堰堤の上に出るそれではないか。勇んで進んでいくと、急峻な岩場を巻くような小道がはっきりとつづいていて、やがてある地点から下りになり、僕と東京から一緒にきた友人は、三十分ほどで本流の堰堤の上に出ることができた。

谷は、両岸を急斜面に囲まれてはいたが、河原は広く、少し減水していると見られる流れは平坦でほとんど段差もなかった。ていねいに、小さなポイントをつぶすようにフライを浮かべながら進むと、長い、波立ちの少ない流れから大イワナが姿を現した。僕たちはほとんどあっけにとられた。ようやく堰堤の上に出る方法を見つけただけでなく、そこにはフライ・フィッシングのためにあるかのような、広くて浅い、しかしあまり波立つことがない静かな流れがあった。そのうえで、これはさすがに予測さえできなかった大きなイワナがいたのである。釣りびとが入ることは、あったとしても少なかったのだろう。三五センチを超えるイワナが、一キロほど進むうちに何度も出た。

不思議に中小型は出ず、尺をゆうに超える、イワナにしてはめずらしいほどの幅広い魚体を、僕は三匹、友人は二匹手にした。

別天地にいる心地がしたのだったが、それが禍《わざわ》いのもとだった。谷は広く、危ない所がない。帰り道の踏み跡にも危険はない。そんなふうに思い、目いっぱい谷にいて、気がついたら長い夏の夕暮れが終ろうとしていた。

車の通る林道に戻り、大急ぎで歩きはじめた。目ざすは三キロ先の阿仁《あに》マタギ駅。そこで秋田内陸縦貫鉄道の角館行最終に乗らなければならない。

道は舗装されてはいるが、外灯がなく、先が見えぬほど暗い。月も星もない夜の闇の深さを、汗まみれになってほぼ小走りに歩きながら実感した。道端に飛ぶ蛍の幻のような光を、うるさい、と思った。歩いても歩いても、ただ闇の奥に引きずりこまれていくような気がした。

その闇の奥に、ようやく集落の、そして小さな駅舎の光が見えて、かろうじて列車に間にあったのを知った。

季節の終りに

今年、二〇一二年のシーズン最後の釣りは、九月十八日、十九日の二日間だった。前夜、連休の終りの日に花巻のホテルに入り、十八日の朝、高橋啓司さんと宇田清さんが迎えに来てくれた。二人は花巻市と隣接する紫波町《しわちょう》にそれぞれ住んでいる。

いつもの、三人での釣りが、シーズン最後になる。啓ちゃんのランドクルーザーの後部座席に陣取ると、胸がわくわくするというより、穏やかな安堵感が全身にひろがって、そのせいか車の中でもう一度寝たくなるのだが、近頃の岩手の川のうわさを聞くうちに、だんだん目が覚めてくる。

川のうわさは、かんばしくない。なにしろ、夏が長く、雨が降らず、水量が少ない。どこもかしこも、魚がいるかいないかより、水があるかないかのほうが心配。

それでも宇田さんは連休の二日目つまり昨日、閉伊川《へいがわ》水系のG川へ行った。話をしてくれた知人を案内しての釣りで、下流部で中・小型のイワナがよく出た。中流部の入渓点からいったん林道にあがると、ずらり三台の車がとめてあって、先には進まずすごすごと引き返してきた由。九月の連休でよくあるケースである。でも、竿を出せれば魚はいるんだから、と例によってこっちの都合よく考えてしまう。

啓ちゃんは本職の内装と、もう一つの本職の釣りガイドのほうもけっこう忙しく、自分の釣りには行っていない。それでも、稗貫川《ひえぬきがわ》は水もあってまずまずという話をした。だいたいこの人、まったく自分の釣りをしないなんてことのない人で、彼がロッドを振ると、いない魚がどこからともなく現れるのだ。

コンビニで、おにぎりやらパンやら、ゆうに二食分はある量を買いこんで、大型のクーラー・ボックスに詰め込んだ。きょうは夏のような気温で二十八度。窓外にとんでいく風景の、日射しも強い、緑も濃い。

和賀川《わがかわ》水系のその川の、広い河原をことさらにゆっくり進んだ。木洩れ日が、水量の少ない流れの上にチラチラと揺れ、光の模様を踊らせている。

水が少し深くなっている流れの筋やよどみから、イワナが心なし早い動きでエルクヘアー・カディスを襲った。早い動きなのは、きのうまで、かなり多くの釣りびとが入ったせいに違いない。砂場や砂利の上に、あからさまに、まるで先行者がいるみたいにたくさんの足跡が残っていた。

三十分も遡行《そこう》すると、その釣りびとの痕跡があまり気にならなくなった。ポイントごとに、けっこうイワナが出たからだ。上流に行くにしたがって、型が少しずつ良くなるようでもあった。

「でも、全体に、こないだ来たときより小さいね。夏ヤセかね、これは」

と並んだ宇田さんに向かって冗談をいったのは、気分が明るくなるほどの釣りができているからだ。こないだ来たときより、といったのは、夏の初めにやはり三人でこの川に来たからだった。

あの日は、車をとめたとき、たまたま啓ちゃんがタイヤのパンクを発見した。ジャッキで車を持ち上げたところで、啓ちゃんが後は一人でやるからといい、僕と宇田さんは先に谷に入ったのだった。

すごい釣りになった。正確に、ひとつのポイントで一匹ずつ魚が出た。フライに出る動きはおっとりしていたが、鉤がかりした後の引きは強く、ねばりがあった。深山のイワナの生命力が、ロッドをもつ腕に伝わってきた。

きょうのイワナはそんなに元気がない。夏ヤセか、と口走ったのは、むしろ夏バテを連想したからだが、夏バテ気味のイワナと遊ぶのも、いかにもシーズンの終りを感じさせてくれる。

堰堤を一つ越え、かなり奥まで行った後、消えかかった林道に這いあがって、車に戻った。何でも積んである啓ちゃんの車から、椅子とテーブルを下ろして、遅い昼飯にした。

以下はそのときの、宇田さんと啓ちゃんの会話。

宇「(僕に向って) 聞いてくださいよ。一週間前に、ひさしぶりに啓ちゃんと二人でK川へ行ったんですよ。ちょっと奥の、いい流れのところで、啓ちゃんがヤマメをかけた。見たとこ、三七、八センチはあった。曲ったロッドを手に、啓ちゃん、こっちに振り返って、ニカッと笑った。そのとき、鉤が外れたんですね」
啓「宇田さんが後ろにいると、ロクなことがない。宇田さんを振り返ってみると、あれは呪文をかけるんでしょうか、たいてい魚が外れるんですよ」
宇「外すでしょう、それからが大変。ふだん使わないランディング・ネットを背中から外して、逃げた魚を追いかけだした。下流のほうに立って、水中をにらんでる」
啓「そしたら宇田さんまで、ネット手にして上流に立って、魚を追いかけだしたんです」
僕「挟み撃ち、ねえ。いい大人がねえ。(子どもが小川のかいぼりしているんじゃあるまいし)」
啓「上流でかまえるなら、もうちょっとしっかり立ってもらわないと。結局、魚は上流へ逃げたんですよ」
宇「いやいや、下流へすっとんで、消えた」
上流だ、いや下流だったという大論争が、昼飯のかっこうのおかずになって、僕は笑いながら、頭上のコナラの葉がそよぐのを眺めた。
二日目は、二十日で禁漁になる秋田に足をのばした。玉川水系の初めての川で、大雨に降られ、釣りをする元気をなくした。
夕ぐれどき、檜木内川の支流に入った。短い時間で、O沢で型のいいヤマメを一匹手にした。雨あがりの夕空の薄くれないと同じ色が、かっぷくのいいヤマメの体側にもあった。

帰りに、窓外の夕ぐれの風景を眺めながら、シーズンの終りにここを走って、夕闇に包まれていくのは何度目だろうかと思った。

いくつもの夕暮れ

今年（二〇一三年）の最終日は、いつもとは違った川で過ごし、違った終り方になった。山形は庄内地方の川で、岩手の宇田清さん、高橋啓司さんと、夕日が大きく傾く時間に、国道の道端でさよならをいった。かたわらには、地元の余語滋さんもいて、穏やかに頬笑んでいた。

岩手の二人の友人を、僕が強引に誘って庄内の川へ来てもらったかっこうだったけれど、楽しい釣りになった。最終日となった二十八日の夕暮れも、陽気な別れの挨拶を交わしながら、心のどこかに寂しさが沈んでいて、それがシーズンの終りのせいなのか、来シーズンまで会わない、親しい仲間との別れのせいなのか、はっきりしない。

はっきりしないまま、帰りの車の中で夜になって、僕は最終日（必ずしも九月末日ではない、自分の最終日）のたくさんの夕暮れを思い出そうとしてみた。それが、あまりよく覚えていない年が多い。去年のことは書いたせいもあってさすがに覚えているが、ではおととしは、先おととしは、となるとはっきりしない。

最終日の、いくつものいくつもの夕暮れ。はっきり記憶に残っているのは、やはり格別な釣りができたときだ。ふつうの釣りは、夕暮れの重なりの中に消えている。

秋田・檜木内水系のその沢は、いまは川へ降りていく道が丈高い雑草や灌木などにおおわれてしまっているけれど、僕が毎年のように通っていた頃は、堰堤の上が広く開けていて、高原の中を透明な流れが走っている感じだった。空も広い。

午前中から西俣、東俣の上流部をつめてイワナを追い、午後遅く、風景の広い下流部に戻ってくる。遡行していつもの長い流れに出て、精一杯のロング・キャスト。

浅い流れを縫うようにして、ブルーダン・パラシュートのピンクの目印が小刻みにふるえながら流れる。ヤマメが出る。大きい。瀬の中を左右と矢のように走りながらやがて力尽き、グルグルと水中を騒がせながら手もとまでくる。手にとった魚体の、鰓《えら》から側線にかけて、桃色の帯が刷《は》かれていて、頭上の夕暮れの色が映っているのかと、一瞬空を見上げる。

そんなはずはない。空には巻雲が高く流れていて、わずかに橙色に染まっているだけ。それを目にして、苦笑いしながら、暗さが底からにじみ出てきはじめている流れの中にヤマメを戻す。

僕は、最終日の、川から上がる時が迫ってきているのを意識しながら、それでもこのように一年が終ることに満足しているのだ。満足している自分がその夕暮れの中にいたのを、記憶している。

しかし、別の年、同じ沢の少し上流で、ひどい目にあった。例外的に記憶せざるを得ないほど、ひどいことだった。スズメバチに襲われたのである。

流れに向って、左側の岸辺から倒木が突き出していた。少し厚い流れの、七、八メートル上流でライズがあった。僕はそれをもう一度確認するために、目の前の倒木の端に手をかけた。木は中がうろになっていて、スズメバチが群れをなして飛び出してきた。ウァーンと囲まれた音がすさまじく、恐怖にひきつった。川の中に逃げ、誤って転んだのがさいわいした。あれだけのハチに囲まれながら左手の甲の一カ所に刺されただけですんだ。もちろん釣りは中断、近くの町の病院まで車で駆けつけたのだったが、医者は気のなさそうな声で刺された時間をきき、「なら大丈夫だよ」というだけだった。

夕暮れにはまだ間がある時間だったが、宿に戻って身仕度をし、東京へ向う列車に乗るしかなかった。それがシーズンの終りになった。

しかし、これはやはり例外的体験で、記憶にはっきり残っている最終日の夕暮れは、なぜか特別な釣りをしたときに限られている。

岩手の和賀水系のある川での最終日。魚の出がもうひとつで、パッとしない一日が終ろうとしていた。最下流に戻って林道に車をとめ、半ばあきらめながら流れに向った。いや、そうじゃなかったな。まだ終りじゃない、まだ可能性はある、と根拠もないのになぜか妙に張り切っていた。

段階状の魚道わきのコンクリートの壁の上をすすむと、魚道が尽きた先で、突然樹木に囲まれた淵に出た。そんなに小さな淵ではない。向う岸の、柳の枝のたれ下がったあたりに、小さなライズがあったように見えた。水の面は、ほどよい暗さがしのびよってきている。僕はエルクヘアー・カディス十二番をつけたまま、ロッドを振って六、七メートル先のゆるやかな流れの上にフライを落とした。

一投で魚が食いつき、跳びあがるように水面に現れた姿は、赤く見えた。数分後に手もとに寄せたヤマメは、口吻《こうふん》のとがった雄で、全身が婚姻色の赤で輝いていた。鉤にかけたまま、水中で魚をおさえて眺めていると、わきに後ろからきた宇田さんが立った。

ウーン、きれいだね。それから彼は、アッと小さく叫び、すぐにロッドを振りはじめた。振りながら、ライズ、と一言だけいった。そして僕が魚をかけた二、三メートル先から、僕が釣った魚と同じサイズの、幅広でやはり赤く輝く大ヤマメをひきずり出した。

しげしげと魚体に見とれて、秋の夕暮れの色だね、と僕は口にしたのだったが、ちょうどその頃、空から夕映えが消えようとしていた。

最終日の釣りのことで、ヤマメのことばかり思い出すのは、秋の夕暮れの連想が強くはたらくせいだろうか。よくわからない。

シーズンの終りで、確かなことが一つある。谷から、新幹線などに乗る町へ出るまで、なるべく長い時間があったほうがいい。夜になった車の中で、仲間と今年の釣りについて語りあい、来年もよろしく、と名残りを惜しむ時間がたっぷりあったほうがいい。

Ⅱ　物語のように

北国の熱狂者

1　大迫にフライ・フィッシング狂がいる

緑の山々のつらなりを縫って、無数の透明な水が流れつづけている、北国の渓《たに》。二十年以上通いつづけた、岩手を中心とする北国の流れを語ろうとすると、どうしてもひとりのフライ・フィッシャーマンの肖像を思い浮べてしまう。

いつもその男と行動を共にしていたというわけじゃない。僕はひとりで水辺に遊んだことも少なくなかったし、他の仲間と険しい谷を遡行したことも多かった。しかし、北国のきらめく流れをぼんやり思いだしていると、その男の釣り姿がいつのまにか流れのなかに立っているのだ。魚を手もとに寄せ、水の上にかがみこんで、チラッとこっちを振り向く。晴れやかな笑顔がある。

その男——岩手県大迫《おおはざま》町に住む高橋啓司と初めて会ったのは、一九八八年だった。最初の対面で何を話したか、その後どこへ釣りに行ったか、ほとんど覚えていない。だから順序だてて彼とのつきあいの歴史を語ることはできないのだが、そのかわりに、覚えている断片的な渓での場面は異様なほど鮮明だったりする。

その谷は巨大な岩がるいるいと重なっていて、流れは岩の複雑なつらなりのなかにふっと身を隠したり、また現れて岩のつくる落差のぶんだけ小さな滝になったりしていた。巨岩が重なるきつい傾斜を、岩のあいだを縫うように足場をみつけながら登っていくと、突然河原がひらけて、ゆるやかな長い流れが夏の光のなかに身をさらしていた。

そういう谷の風景のなかに、高橋啓司がロッドを持って立っている。

高橋啓司と僕は、別々の足場をひろって歩きながら、長い流れの前で一緒になった。先に着いた僕がいちばん下流のザラ瀬から型のいいイワナを釣りあげると、それを見届けたうえで彼は同じ場所から少し長くラインを出して、流れのまんなかあたりでさらに型のいい魚をかけた。ゆるやかな長い流れにはたいてい複数の、ときには三、四匹の魚がいたから、僕たちは交互に魚をかけたり、かけそこねたりした。

ひとつの長い流れを釣り終ると、また思い思いに別のルートをたどって上流に向った。そのあいだ、小さな流れや溜りにまんべんなくドライ・フライを浮べて進んだ。気がつくと、彼の姿が見えない。この険しい岩場の谷で、少し不安になる。不安を振り切るように岩をよじ登っていくと、また河原がひらけて、ゆるやかな流れの端でロッドを振る高橋啓司の姿があった。ゆっくりと近づいていくと、ちょうど魚をかけた彼が、頭のうしろに目がついてるみたいに振り向いて、白い歯を見せて笑った。

初めから、われわれの釣りのリズムはぴったり合った。道草の喰いかたも、流れの見かたも、歩く速度も、ほとんど変わらなかったのだろう。一言でいえば、ロッドを手にしたときの流れへののめり込みかたが、おそらくは同じようなものだったのだ。さらにいえば、釣りをしているときの、互いへの無関心ぶりが共通していた。それがリズムが合うという意味なのかもしれなかった。

岩手県大迫にフライ・フィッシング狂がいる。三十を過ぎたばかりだが、並はずれた熱狂者で、その高橋啓司という男を中心にして大迫にはフライ・フィッシングのクラブまである。そういう話を聞き、人に紹介されて会ったのがつきあいの始りだった。

会ってみると、まったく噂通りの男だった。口数は少なかったが、一目で熱狂ぶりが伝わってきたし、何かを話しあうより先に、町のなかを流れる稗貫川の上流へ二人で釣りに行った。川へ向う車のなかで、あるいは彼がつきあってくれた夕食のあいまに、ポツリポツリとではあったが、彼は自分のことを語ってくれた。

ひとつのことが僕を喜ばせた。高橋啓司は冒険家・植村直己のファンだった。二十代初めに植村の影響を受けて、テントをかついでアラスカに行った。友人と二人でだったけれど、貧乏旅行をしながら一カ月ほどアラスカのあちこちを見た。「ただそれだけだったんですけど」と彼はいったが、僕はその実行力に感じ入り、唸るばかりだった。彼は僕が植村の友人であることをすでに知っていたが、四年前にアラスカのマッキンリー山で遭難死した植村について、言葉を連ねて質問するようなことはなかった。彼は十分に植村の冒険記録を読んでいたのだ。

ただ、植村の単独行については、どちらからともなく話題にした。植村は、まずなによりも、ひとりで行動するのが好きだったのだ。僕は単純にそう考えていたのだが、それを誰であれ他人に伝えるのはたやすくはなかった。植村は、日本にいるときは十分に他人に対して協調性があったし、人なつこいような人柄であった。単独行に固執する偏屈者ではなかった。だから植村の単独行を説明するのは難しい。僕はそう思っている。

高橋啓司は、植村が「ひとりで行動するのが好きだった、それだけのこと」という話を、すぐに納得したように見えた。自然のなかでひとりでいることの安らぎと充実を、高橋なりに感じ、理解しているように思われた。

彼の仕事は、建物の内装業だった。会社から指示があると、車で出かけていって内装を請け負う。そういう不規則な仕事はいかにも彼にふさわしいようでもあったが、仕事については家族のことについてと同様に、あまりくわしくは聞かなかった。僕たちは川のことや魚のこと、あるいは水生昆虫やフライのことを、もっぱら話しあっていた。

訥弁《とつべん》の彼が岩手の川について語るのを聞いていると、彼の心と体にこの北国の渓々が強く刻印されているように思われた。

2　7Xのティペット

猿ヶ石川は遠野盆地を気ままに曲りくねって流れる、流程の長い川だ。高橋と出会ってから数年は、上流部がはじまる最終集落の民宿を拠点にして、猿ヶ石川上流といくつかの支流をよく釣り歩いた。

ある夏の一日、思い切ってずっと下流部をやってみようと思いたった。その頃は高橋啓司でもまだ知らない流れがあって、彼の四輪駆動車に同乗して新しい釣り場を探求したものだった。

二つの小さなダムに挟まれている、一・五キロほどの未知の流れだった。地図には何トカ峡というたいそうな名前がついていたが、今は見捨てられているのだろう。左岸沿いに下っていく林道は荒れはてて山側から雑草がせり出していた。

下のダムの流れこみのところから谷に降りた。谷底は思ったより広く、平坦だった。七月末の流れは減水ぎみで、水は澄みきっていた。流れの底は白い砂が埋めている部分が多かったが、流れのなかに大小の岩が頭をつき出して、魚の隠れ場になっていた。

しかし、その日は流心の小石の群れやそれを囲むようにしてある白い砂の上に魚が出ていた。イワナ、ときどきヤマメ。岸辺の岩越しに、あるいは岩にかぶさるようにしてなかば水につかっているネコヤナギの茂み越しに、水中の魚はその紋様までくっきり見えた。

不注意に流れのなかに足を入れると、魚はゆっくりと散っていった。うかつに動けない。これでは、二人が同じところに立って、交互に釣っていくしかない。

見える魚が釣れない。プレゼンテーションに留意し、魚のかなり上方にふわりと舞い落ちるように十四番のブルーダン・パラシュートを着水させる。それで魚が散ることはなかったけれど、流下するフライは無視された。二人で何度かそんなことをくりかえした後、突然、高橋啓司が魚をかけ、それが二度つづいた。僕はたまらずに聞いた。

「啓ちゃん、フライを替えた？」

彼は自分のティペットに結んだフライを手のひらの上においてみせ、ちょっとためらうようにいった。

「ハア、十六番のブラック・パラシュートにしてみたんですけど。でも、それよりティペットを7Xにしたのがよかったみたい」

なるほど、たしかに、それだ。でも僕は7Xのティペットを持ち歩いていなかった。彼から7Xを借りていつもよりも少し長めにティペットをつけ、先端に十六番のブルーダン・パラシュートを結んだ。

すぐに効果が出た。白い砂が水を明るくしている流れのなかで、魚がためらいなく動き、ハデな波紋をたててフライをとらえるのが手にとるように見えた。今度はほんとうに交互に、見える魚を一匹ずつ釣りあげながら流れをさかのぼることができた。とくに口に出しはしなかったけれど、僕は内心舌を巻いていた。たしかに、きょうのような天気、きょうのような水況、きょうのような魚の居場所からすれば、7Xが必要だ。結果からしてそうは思い当たるとしても、ふだんはタカをくくって7Xを持ち歩かない。それを高橋啓司は用意していた。一見、ただ川につんのめるようにして熱中しているかにみえて、川と魚を相手にするときの高橋は徹底したリアリストでもあるのだ。

僕の内心の感嘆をよそに、彼は二七、八センチの大型のヤマメをかけて、白い歯を見せて笑っているだけだったけれども。

3　単独者のイメージ

僕たちが紫波町に住む宇田清と知りあい、一緒に川で遊ぶようになったのは一九九五年だった。宇田は仕事のつごうと釣りのつごうで九三年に神奈川県から大迫の隣り町である紫波町に移住してきたのだった。

宇田清のキャスティングとプレゼンテーションは、余人の追随を許さないといっていいほどみごとなものだった。そのうえに彼は独力でバンブー・ロッドをつくるという能力の持ち主で、三人で会うと話が尽きなかった。高橋は宇田としょっちゅう一緒に釣りをするようになり、僕がときおり新花巻の駅に降り立つと、翌朝から三人で川へ出かけるというぐあいだった。

高橋のフライ・フィッシングへの熱中ぶりはいつまで経ってもまったく変わらなかった。沸騰しているお湯が何年間もずっと沸騰しつづけているようなものだったが、さらに自由奔放になっていったといえるかもしれない。

彼の自由奔放さのおかげで、僕はたとえばリッツの『ア・フライフィッシャーズ・ライフ』のなかだけで知っているナイト・フィッシングを見ることができた。いや、寒々した秋の夜の闇のなかで、川べりにいる彼が奇声を発するのが聞こえるばかりだったから、あれは見たといえるかどうか。

九月も終り近い遠野盆地。高橋は猿ヶ石川中流域の流れにとりついて動こうとしない。夜八時近く、寒がりの宇田はとっくに車のなかに入り、ヒーターをつけて暖をとっている。僕は飢餓状態に陥り、固くなったおにぎりの飯粒を嚙みしめ、冷たいお茶で喉に流しこんだ。

それ以来、僕は川に持参する食料について、前にもまして用心深くなった。わりと少食の宇田に、「買いすぎ、買いすぎ、どうせ余るんでしょ、もったいない」と笑われる。その責任の一半は、たしかに高橋にあるのだ。

彼と一緒に遊ぶときは、朝と昼の弁当のほかに、軽い夜食を用意するのが習慣となった。腹が減って倒れそうだ、流れに足をすくわれて遠くへいってしまいそうだ、と訴えでもしないかぎり、彼はいつまでも上機嫌で釣りをつづけるに違いない。しかしあまり上機嫌で楽しそうだから、訴えるのもしのびなく、僕はおにぎりの二、三個を余分に持参するのを自衛策とするようになったわけだ。

八時をとうに過ぎて、ようやく戻ってきた高橋を、宇田と二人で無言のまま迎えると、ニッコリ笑っていうには、

「いやあ、暗くなってからヤマメの大型のライズがはげしくなって。それで釣れるんだから、しょうがないですよ。やめるわけにはいかない」

釣れるのはヤマメの責任、それを釣るのは釣りびとの義務という理屈だった。

そして谷から町へ戻る車のなかで、こんな会話を交わすことになる。僕は質問者、というより査問官の表情である。

「ねえ、啓ちゃんの釣りはどこまでがイヴニングで、どこからがナイト・フィッシングなの？」

「いやあ、釣れてるうちは、虫のハッチがあるかぎりは、ずうっとイヴニングですよ。こっちのつごうで勝手に区切るのは自然じゃないし」

「まあ、夕暮れどき、刻々と光がうすれて暗くなっていく、あの変化は悪くないけど」

「いや、暗くなればなるほどいい」

「でも真暗になれば、フライもライズも見えないでしょうが。啓ちゃんはあれが見えるわけ？」

「フライが見えなくても、魚が出たときはしぶきがあがったりするし、それが見えるから釣れるわけで」

話していると、僕のほうもだんだんと上機嫌になっていくのが不思議である。

年を重ねるにつれて、高橋啓司のフライ・フィッシングが自由自在になっていったのとまったく関係ないことだが、この頃――九〇年代終り頃から僕は岩手の渓にあまり足を運ばなくなった。岩手の川に人があふれかえって、川が衰弱しているように感じられたからだ。同時に、山形や秋田の渓に遊ぶことが多くなり、それがおもしろくなったからでもあった。

それでも年に一、二度は高橋啓司や宇田清の顔を見にいった。高橋啓司は内装の仕事はとっくにやめていた。独創的なフライ・パターンの本などを五冊出し、盛岡のフライ・プロショップでインストラクターをするようになっていた。NHK文化センターでフライ・フィッシングの講座をひらいたりもした。そんなふうに釣りが仕事みたいになったようにもみえたが、じつはそうではない。彼のばあいは遊びのなかに勝手に仕事が入りこんできたのであり、釣りは断固として遊びであることをやめなかった。開高健がよくいっていた「腕はプロ、心はアマ」とはこういうことをいうのではないか、と思った。

だいぶ後になって、つまり僕がまたさかんに高橋と釣りにいくようになってから、彼のフライ・フィッシング講座をのぞいてみる機会が数回あった。静かで和やかな受講者たちを前にして、彼は黙々とフライを巻いてみせる。教師面《づら》はかけらもなく、友人としてフライ・タイイングの時間を受講者たちと共に過している、というふうだった。

彼と一緒に釣りをしているときの印象そのものだった。流れに向って飽かずにロッドを振りつづける彼は、一緒に釣りをしていながら、いつも「単独者」という印象があったのである。

彼のレッスンが終るのは夜で、それから受講者の一人二人を誘って、一緒に夕食をとった。行く先は盛岡の中心部からはちょっと離れた中華料理店で、炒飯も餃子も麻婆豆腐も、メニューにある何をとっても、安くて極上の味だった。僕は盛岡という町の奥深さをあらためて知ると同時に、高橋啓司の舌の確かさを確認することにもなった。

彼は高校を出て、料理人になるべく修業をした。亡くなった兄上がたいした料理人で、その影響が強かったらしい。短い間だったが、たしか東京の中華料理店でも働いたと聞いた。

川のほとりで、彼が作ってくれた弁当を頬張ったことも何度かある。卵焼きも煮しめも、すばらしい味だった。うまいものを食べた記憶をたどるとき、流れの音を聞きながら高橋の弁当を食べた、そのひとときがよみがえる。

4　夜の闇に溶けこむ姿

数年前から、また足繁く岩手の川へ行くようになった。高橋啓司とも、宇田清とも年に一、二度は一緒に釣りをしていたのだから、べつに改まったこともないはずなのに、気持の入れ方がどこか違っていた。放蕩息子が故郷に戻ったような気分はこういうものか。

そういう釣行の日々の一日、五月下旬だったが、高橋啓司に誘われるままに、大きなダムの流れこみに行ったことがあった。

夜が明けきらない時刻、水量のある本流を懐中電灯を照らしながら対岸に渡った。そこから岸沿いに流れこみのすぐ上手まで下りた。手にしているのは高橋が用意してくれた七番ロッドで、3Xのリーダーの先には彼が自製したワカサギ・フライがついている。産卵期のワカサギが谷に入ろうとして流れこみに集まってくる。それを追ってダム湖の底のほうから大型イワナが姿を現す。それを釣ろうというのだ。

ガボッ、ガボッ。イワナがワカサギを追ってさわぐ水面に、二五ヤードほどラインを出し、ワカサギ・フライを水流にそよがせると、コツコツと当りがあるがなかなか魚がのらない。空が白む頃、ようやく三五センチのイワナをひきずり出した。ワカサギを飽食した、太った湖のイワナだった。

午前五時にそこを引きあげるまでに、僕はその一匹だけ、高橋は二匹の四〇センチものをかけた。彼は、「もう時期が終りなのかな」とちょっと不満そうにいった。

なにしろ午前五時に転進したのだから、その日は一日が長かった。以前よく釣った、懐かしい川へ移動する車のなかで、ポツリポツリとではあったが、たくさんの話を聞いた。

「しかし啓ちゃんは以前とちっとも変わらないね。釣りに飽きないの?」

「湯川さんこそ、川のなかじゃ足が早いし、昔とぜんぜん変わってない」といってニヤリと笑った。そして少し改まった口調になった。

「オレは、この頃、いよいよ釣りがおもしろくなってるんですよ。いろんな釣り方をやってるから、いよいよフライ・フィッシングの奥が深くなってるみたいで」

彼は湖の釣りにも精出している、といった。原則としてはシンキング・ラインを使い、かけあがりの魚をニンフとストリーマーでさそう。季節、天候、場所による違いに想像力を働かせながら対応していると、退屈なんてしてる暇がない。釣りをする時間がいくらあっても足りない、といった。僕はそういう話を聞いてわけもなく安堵し、まったくこれは故郷に帰ってきたようなものだ、と強く思った。戻ってきてみると、昔の遊び仲間が、あいかわらず日が暮れても（いや、夜明け前から夜までずっとというべきか）渓に遊んでいる——。

彼は釣りの行動半径をいつのまにか広げていた。考えてみれば、時の流れとともに彼の持ち場が広がっていくのは、しごく当然のことだ。

しかし、彼のランドクルーザーに同乗して、岩手県北部の平庭高原のはずれにある小さな流れに立ったりすると、いかにも遠くまで来たな、という思いがあった。

そして、遠くまで来たから、それが報われていい釣りができるとは限らない。いかにもヤマメのいそうな、村のはずれを流れる里川で、どんなフライを流しても、はかばかしい反応がない。他の流れを探索した後で時間をずらしてもう一度戻ってきてやってみても、同じこと。手の平大のヤマメが二匹、あとは黙して語らない、秋の光のなかに、静かに流れる水のつややかさが記憶にとどまっているだけだ。しかし、それからまた短くはない時が経ったいま、僕はあの流れの上の光を、貴重きわまりない一片の映像として反芻している。

あの釣行では、帰りに見知らぬ町に迷いこんだのだった。南北に走る長い丘陵の上に思いがけなく軒が接している町があった。一本の舗装路の両側に、商店と住宅の入りまじった町が続いている。商店も住宅も古色をおびていて、なぜこの丘の上にこんな町並があるのか、問いかけるのを誘っているような趣きがあった。

一本道を通り抜け、いったん町並のはずれまでくると、僕は運転する高橋に頼んで、もう一度同じ道を戻ってもらった。何が気になったのだろう。夕日の斜光が、たとえば古びた看板をかかげる酒屋の、三間のガラス張りの戸口を光らせていた、それが気になったのだろうか。はっきりしない。はっきりしないまま、高橋にもう一度同じ道を走ってくれと頼み、彼は何も聞かずにその通りにしてくれた。

北国の知らない土地の、知らない川と知らない町の光景が脳裡に重なっている。

いっぽうで、ホーム・グラウンドみたいに、二人でよく行った川もある。高橋が住んでいる大迫町から峠を二つ分ほど越えたところに位置する根田茂川《ねだもがわ》などが、そうした川の一つである。

この川は、下流、中流、上流で流れの表情がガラリと変わるのがおもしろい。きょうはイワナに会いたい、となると、最終の人家を越えた橋のあたりから川に入る。ヤマメを釣りたいとなれば、川沿いに古い家並が残っている、護岸をほどこされた集落のなかだ。

いつだったか、下流域が中流域に変わるあたりから、早朝に川に入り、上流域までロッドを振りどおしに振ったことがある。もちろん、魚の反応がある場所もあり、そうでない場所もある。

反応がないから、そこから上がるのではなく、半ばヤケになって、しかし表情はできるかぎり明るく保って（少なくとも主観的には）、川を通して歩いた。

高橋啓司もまた、こちらの気分を察してくれたのか、自分から場所を変えようとはいわない。上流部まで釣り通して、流れの変化と、それに従って魚のつき場が変わるのがよくわかったような気がした。

釣りづらい、ごく浅い瀬から思いがけず大イワナが出たりしなかったら、途中で川通しをやめていたかもしれないけれど、高橋はそんな川歩きにも、当り前の顔でつきあってくれた。

「長い距離を通して歩いてみるのも、やっぱりおもしろいですね」

というのが、彼の簡潔な感想だった。

また、われわれは年甲斐もなく、昔は行かなかった険しい山岳渓流にも、慎重に準備をしたうえで入るようになった。僕のばあい、年齢に追われるような気持もあって彼と一緒に北国の山深い渓へ分け入ったが、体の酷使は十分に報われた。岩手の川の精のような大イワナを手にしたというだけではない。たとえば葛根田川《かっこんだがわ》の大きな渓相のなかで、幾重にも重なる巨岩のうえに先行した彼が立っている。上流をのぞんでいる彼の後ろ姿には、昔と変わらぬ単独者のイメージがあり、そのことが僕のなかから歳月を消した。

数年前の夏の終り、宇田清、高橋啓司、それに阪東幸成と僕の四人で、アプローチの厳しいW川本流に入った。ロープを用意し、急峻な沢を二つ越え、踏み跡をたどってW川の広大な河原に立った。

岩手の夏の例年にない渇水がこの本流行を思い立たせたのだった。両岸の巨大な岩壁に圧倒されながら、四人は大きな風景のなかに闖入した四つの点となって、減水した流れをたどった。たぶん大減水のためだろう、遡行は楽だったが、予期に反して魚はふつうにしか釣れなかった。浅い流れから中型のイワナをいくつか拾ったけれど、切りたった岩壁が両側から迫る圧倒的な谷の風景のなかで、なぜかがっかりして、予定していた地点まで進まずに、川づたいに戻った。四人とも一致して戻る気分になっていた。

帰路は急斜面を這うようにして登り、来たときと同じように二つの沢を横ぎるように越えた。最後の沢に下りきろうとする寸前に、阪東幸成がスズメバチに刺された。二度も刺された経験をもつ僕は少なからずうろたえたが、高橋が「これでやってみよう」といってヴェストのポケットから吸出器を取り出した。二十分ほどかけて、阪東の腕二カ所に針のない注射器みたいな吸出器を当て、毒を吸い出した。かなりの量の黄色っぽいハチの毒が、吸出器の底にたまった。四十分後、阪東の刺された皮膚がまったく脹《は》れず、脈拍が正常であることを確かめたうえで、四人はロープを使って急斜面を登り、車のある林道に戻った。

町に戻って行きつけの中華料理屋で夕食をとった。啓ちゃん、あいかわらず用意がいいね、よく吸出器をもっていたね、と車中で何度かいったことをくりかえした。高橋啓司は夕食の席でようやく、「湯川さんが以前ハチに刺されたあと、懲《こ》りずに秋の岩手に来るっていうから、買っておいたんですよ」と小さな声でつぶやいた。

話は前後するが、去年の七月初め、秋田の檜木内川水系に高橋啓司と遠征した。帰り道の夕暮れ時、僕は携帯電話で東京に連絡する必要があったので、電波が届く檜木内川本流沿いに車をとめてもらった。僕が電話しはじめると、彼はキャリアーからロッドをはずして川辺へ下りて行った。

電話を終え、彼を追いかけて水辺に出ると、薄闇につつまれた流れのなかに、腰までつかった彼のシルエットがあった。メイフライとカディスの猛烈なハッチにかこまれて、彼は黙々と魚をかけつづけた。「ヤマメか?」と声をかけると、「両方」と短く答えた彼の姿は、ほとんど闇のなかに溶けこむようだった。

初めて会った時とまったく変わらない、フライ・フィッシングへの熱狂。僕は岸辺の斜面に立ってその姿を見ながら、いま彼の体のなかにはまぎれもなく北国の川が流れているのだ、と思った。

ヤマメの魔法

1　夕暮れの発見

ヤマメの魔法にかけられて、夕暮れの川を知るようになった。

といっても、そこでロッドを振った流れの、すべての夕暮れを知ったわけではない。そんなことは、僕にはできない。ただ、たくさんの川のたくさんの夕暮れが、夕暮れの底に棲んでいたヤマメの姿と重なって、場面の断片をつくっている。その断片のなかで、僕は夕暮れの川を少しずつ発見した気分になっているのだ。

川の夕暮れといっても、空気がまどろんでいるような春のそれもあれば、新緑のむせかえるような匂いにつつまれる初夏のそれもある。夕暮れという一日の時刻の変化に、季節の推移が重なって、それもヤマメの魔法にかけられたことから始る、発見の一つであるかもしれない。

たとえば、昼間はかたくなに沈黙していた淵の流れ出しから、秋の大きなヤマメが出てくる。

手もとに引き寄せ、夜の闇が水面に滲み出してくる岸辺に片膝をついて、ヤマメの体側にうっすらと刷《は》かれた薄紅色を、水のなかにこぼれていかないように魚体をそっと押さえる。ああ、これは秋の夕暮れの鱗雲《うろこぐも》が体側に映っているに違いない。そう思って空を見上げると、薄紅色の雲なんかどこにもない。高い中天に、白っぽい光がわずかに残っているだけ。僕はしかし、パーマークの藍の向うに、秋の夕日が落ちていく色をたしかに記憶する。ヤマメの魔法にかかっているのだから、魔法のなかで偽の記憶は本物になる。

甲子川《かっしがわ》の上流部の、複雑な渓相をもつ淵の一角で釣れた大ヤマメは夜の色をしていた。

それをかけた時刻が夜になっていた、というわけではない。高い岸壁が複雑なかたちで幾重にも重なっている、昼でも薄暗い廊下の流れが、岸壁が尽きたあたりで大きく広がって浅場をつくっていた。その浅場の真ん中に砂利の堆積した小さな洲があり、僕はそこに立って、浅場のはじまるあたりをめがけてエルクヘアー・カディスを投げた。

そこから見る岸壁の奥は夜の暗さがあったけれど、僕が立っているあたりの頭上には、明るい初夏の夕空があった。

二投目のフライに決然と襲いかかったヤマメは、かけた瞬間から大型だとわかった。リーダーがジグザグに水面を切り、僕は無理をせずにそのようすを見ていたが、結局はヤマメの動きにしたがって、小さな洲をぐるっとひとまわりしていた。自分では落ち着いているように思っていても、後で反芻してみるとまったくむだな動きをしている。

手もとまで引き寄せた魚をはかってみると三四センチあった。ひたひたの水のなかで、ヤマメの背とパーマークは深い藍色を帯びていて、あたりはまだ明るい夕暮れだったのに、魚体に夜が宿っているように見えた。明るく軽快なヤマメ、という印象とまったく違う一面を初めて知ったような気がして、僕は長いこと目で撫でまわすようにして水中のヤマメを見ていた。

話が変わる。たしか信州だったが、その川の名前は忘れた。林道が車の通行止めになっているところから歩きはじめ、真夏の日を浴びながら汗をふきふき長いこと歩いたようだった。谷が大きくひらけて、小さな盆地のような地形になった。盆地のなかを、里川のようなゆるやかな流れが奥へとつづいている。僕は友人と二人で林道から下りて、そこから谷に入った。

釣りははかばかしくなかった。小さなイワナが主体で、そこにさらに小さなヤマメが時折まじる。まったく釣れないというのではなかったから、僕たちは釣りをつづけ、入渓した場所に戻ってきたのは夕方近くだった。

よく晴れていた空の半分に黒雲が流れてきて、はげしい夕立になった。夏の夕立は二十分もつづかなかっただろう、黒雲が割れて夕暮れの空が谷を明るくした。

入渓点の近くにあった傾いた作業小屋の軒下で雨をやりすごした。小川のほとりに再び立ってみると、ポツンポツンとライズが始まった。さっき入渓点あたりでロッドを振ったときは、魚の反応はまったくなく、みんなここから入るだろうからな、などと自らを慰めつつ奥へ進んだのだった。

夕立の後、川は一変した。そこここにライズがあり、フライを水面に浮べると、ライズの主がフライに出たのか、別の魚がフライに食いついたのか、判断できないほどライズの数がふえ、一投一尾の入れ食いになった。

二〇センチから二五センチまでの、キリリと引きしまったヤマメだった。夕立があった川で、ヤマメが踊っている。そんなふうに思うほど、ヤマメは水面に半身をくねらせるようにしてフライに出つづけた。

二十五年ほど前の、遠いヤマメの幻である。盆地状の地形、里川のような流れ、踊るヤマメの幻はいまも脳裡にあるが、その川がどこにあったのか、どこから歩いてそこに行きついたのか、どうしても思いだせないでいる。

もっとも、これはたんなる記憶力の減退で、ヤマメの魔法のせいではない。だいいち、あのときはヤマメたちが魔法をかけようとしていたのではなく、むしろ魚たちが夕立の魔法にかけられていたのだ。だからあんなに華やかな踊りを見せてくれたに違いない。

自然は共鳴しあう。その共鳴の輪のなかに（一時的であれ）加わることによって、人間も自然のなかの生きものの一員であるのを知る。とはいっても、いつもそんな複雑な思いのなかでヤマメに対面しているわけではない。ただヤマメの魔法のなかで、僕は少し自然の姿を知ることができた、ということなのだろう。

2　ヤマメの川、ヤマメの時間

ある年の初夏、六月上旬の梅雨入り前、岩手県大迫に住む高橋啓司と一緒に、その川が大きな川と合流する地点から川沿いの県道に入って上流部に向かった。合流点から一〇キロほど行くと最奥の集落がある。その集落から上流部は山岳渓流のすがたになって、イワナの谷になる。そのあたりは何度も通ったなじみの場所だった。

このたびはこの川の下流部と中流部をつぶさに眺めて、いい場所があれば試してみたい。そして夕暮れどきに、あの最終集落のプールに着くようにするのはどうか。そんな相談を高橋啓司にもちかけると、彼はすぐに乗ってくれた。この季節ならいいかもしれない。自分もかつてやったことがあり、いまもやってみたい場所が二、三ある。そういった。

僕にはもう一つ、心づもりがあった。ずっと昔、岩手の友人たちと一緒に（たしか高橋もそのなかにいた記憶がある）、この流れの中流部の堰堤の下に車をとめ、仲間たちがプールや流れに竿を出した。緑色の水が夏の日にきらめき、堰堤から落ちる水、人の配置、そして静寂が一枚の絵として脳裡に残っている。まだ岩手の川の名前をあまり知らなかった頃のことだが、あの絵はたしかにこの川のものであったはずだ。その風景に出会いたい。出会えれば、と思った。

県道に入って十分もすると、人里離れた山あいの風景になった。山は低く、川とそのほとりを走る道路の上の空が広い。流れはわりと広く、岩場と砂利の河原がつづいた。高橋は時折車をとめ、車のなかから川のようすを見たり、車から下りて道端に立って流れをうかがったりした。そのたびに、僕はあたり一帯の異様な静けさを感じていた。行きかう車はほとんどない。絶え間ない、低くつぶやくような瀬音が聞こえ、それが静寂をきわだたせた。

合流点からいくらも走っていないところだったけれど、高橋はまた車をとめ、ガードレールのそばから川を眺めた。「このへん、いいはずなんだけど」と口のなかでつぶやきながら。そして、僕たちはほぼ同時にライズを見つけた。

流れは浅く、瀬がつづいていた。瀬といってもあまり段差がないから、波立っているところは少ない。水深はあまりなく、しかしゆったりと滑らかだ。いかにもヤマメの居つきそうな流れにライズがあったのだ。僕たちはそこで身仕度をして川に下りた。大迫のホテルを出たのが遅く、釣りはじめたのは十時を過ぎていた。

ライズはそこかしこにあった。ライズをとってみると、思ったように一七、八センチの小さなヤマメだった。それが始まりで、あとは果てない小ヤマメとの戯れになった。

流れのなかに高橋啓司と並ぶように立って、ライズをひとつずつ拾っていったのだったが、実際はライズに集中する必要なんかなかった。流れのいたるところに、一五センチから二〇センチのヤマメがいて、ブルーダン・パラシュートに出つづけた。魚が出つづけるせいで、流れのなかを一定の速度で進めなくなった。

なぜ、こんなにヤマメが集中しているのか。小ヤマメとはいえ、尾ビレはオレンジ色に縁どられてピンと張っている。パーマークはくっきりとしていて崩れがない。姿からして放流された魚ではなかった。

ほぼ一キロ近く、そんな釣りがつづいた。流れは広く、段差が小さく、歩きやすい。空も広い。そして僕たち二人を包む静けさがあった。その静けさのなかでヤマメと戯れる。いや、ほんとうをいえば、川中のヤマメがフライを相手に戯れるのを、たまたまそこにいる自分が見ている。そんな感じがした。

幻の空間の、幻の流れにいて、ヤマメという生きものだけが、確かにそこにいて踊っている。初夏の明るい日差しのなかで、そんなふうに思った。

これだけの数のヤマメがいる流れだったら、どこかに二五センチ以上の大型が身をひそめているのではないか。そう思いながらじわじわと流れのなかを進んだのだったが、二三センチ前後が出たのは十五匹に一匹、という感じだった。それでも飽きずにロッドを振りつづけたのは、やっぱりこっちもヤマメと一緒に踊っていたのかもしれない。

川が二度、大きく曲がって、橋が現れた。橋の先は急に両岸がボサになって、ネコヤナギが流れにせり出している。ここに大型がひそんでいるのではないか。高橋とそんなことをいいあいながら一〇〇メートルほど進んでみたが、同じような小ヤマメしか出なかった。

歩いた距離が短いわりには、ずいぶん時間を費やした。入渓して三時間は経っている。僕たちは車を置いた場所に戻った。そして入渓した河原にもう一度下りて、遅い昼飯にした。

午後は、川のようすを検分する、という思いで、しばらく車を走らせてはとまる、それをくり返した。高橋啓司が気になるポイントと記憶している場所では、釣るつもりでロッドを振った。中型のヤマメにまじって、腹の黄色いきれいなイワナがときどき釣れた。しかし、あのヤマメのお祭りに出会ったような三時間にくらべると、気が抜けたような感じになった。

高橋も僕も、あまり口数が多いほうではない。互いに黙りがちではあったけれど、二人とも気分は軽く浮き立っているのを、僕は感じていた。そして時折、ロッドを手にして流れに下りた。そのあいだにも、僕は昔遊んだ堰堤のある場所を探し求めていた。このへんか、と思って車をとめてもらったが、記憶の風景は現れない。あの堰堤は道路からは見えず、流れのほとりに立ってみてはじめて前方に現れたような気がする。

川には、上を走る車道からでは見えない風景がある。川のほとりに立ち、あるいは川のなかに立ちこんで、ロッドを振りながら進むときにしか見えない風景がある。だから、車のなかから安易に探そうとしても無理なのだ。僕は改めてそのことに気づいた。そして記憶の風景に出会うことをあきらめた。

三つほど集落を過ぎ、いちばん奥の集落の一つ手前の、家並が道路沿いに並んでいる場所にきたときは、日が低い山すれすれのところにあって、午後の斜光が夕暮れの長い日脚に変わろうとしていた。

目的のあのプールへ行くのは、まだ少し早い。道沿いに護岸がほどこされている、長くて平坦な流れに下りて、時間をつぶした。まだ水生昆虫の羽化は始まっていなかったが、よく竿が入るはずのこの場所でも三匹のヤマメをかけた。きょうはヤマメが上機嫌な日なのだ、と思われた。しかし、そこでの釣りは早々に切りあげ、最後の集落に向った。そこに目当ての場所があった。

夕方の五時半、池のような広いプールのいちばん下手に立った。

だいぶ幅の狭くなった本流に、左岸からさらに細い支流が入ってきて、その合流点の下流が浅くひろがるプールになっている。ここに大型のヤマメとイワナがたまっているのだが、いつもフライに出てくるとは限らない。何度となく渋い結果に終った体験から、そのことは身にしみて知っていた。季節と天候にもよるし、なによりも夕方でなければ魚が動かなかった。

そして、きょうはなんという良い夕暮れだろう。

西側の低い山並みにさえぎられて、夕日はもう直接に水面に届いてはいない。しかし、頭上の空は青みを帯びた白い輝きをもち、刻々とその輝きが変わっていった。

水辺に甘い薫りが流れていた。花の薫りではない。新緑のつつましい、それでいてみずみずしい薫りが上流から漂ってきていた。プールの周辺は木立がまばらであっけらかんとしているが、二本の流れの流れ出しのあたりは、若い雑木が密生していた。夕暮れの、限りなく良い時刻。これと一体になることはできないのだろうか。やってきて、少しずつ変化し、夜に向おうとするこの時と、一体になることはできないのだろうか。

ライズがあった。一つ、二つ、少し間をおいて、もう一つ。

薄い闇の膜が、岸辺から少しずつ張り出してきている。静かな水面に生まれ、少しだけ広がっていく水の輪は、魚のライズというより別のもの、水面に現れた生命の記号のように見えた。

そんなふうに思ったのはわずか一分ほどのこと、僕はわれに返って、しゃがみこみ、低い目の位置から水面を見た。カゲロウが水面から飛び立つ影がいくつか見えた。

「もう少し……」

同じようにしゃがんで水面をうかがっていた高橋が声をかけてきた。もう少し、ライズがふえるのを待とう、というのだ。僕はうなずいた。

目に見えてライズの数がふえてきた。僕は少し離れて立つ高橋に「啓ちゃん」と一言、ロッドを振る動作を合図として示した。彼はうなずき、キャスティングをはじめた。

プールのなかをゆっくりと動いている流れのいちばん下手にあるライズの近くに、僕のと高橋のと、ピンクのインジケーターが二つ浮かんだ。ほぼ同時に、二つのフライに魚が出た。

それから僕は高橋の存在を忘れ、魚と向きあった。重く、動きが強い。できるだけ下流のほうに横這いで動き、リーダーを強く引いて魚を寄せた。ぐるぐると水中を回転しながら、尺ほどのヤマメが足もとまできた。

水から抜き出し、左手で腹部をつかむと、魚が弓なりに体を振るたびに、銀色の肌がキラッ、キラッと光った。金色の環のなかの丸い目は、何も語らない。手にした大ヤマメは、自分の身に何が起ったのかという表情をしている。そう思いながら鉤をはずすと、魚は音もなく水の奥に消えた。

二匹のヤマメと、一匹のイワナをかけると、一息つく余裕ができた。

プールには、コカゲロウ（と思われた）にまじって大型のモンカゲロウが、ハデに白い姿で舞った。トビケラの大型も現れた。それを追ってライズする魚の、水を打つ音まで聞こえた。

次に手にしたヤマメの姿がじつによかったので、水中にヤマメを引きずりながら高橋のそばに寄った。彼はちょうどヤマメを寄せていて、こっちを振り返って白い歯を見せて笑った。互いに鉤にかかったままの大きなヤマメを見せあった。

「きょうは、当たりだったね」

と、僕は笑いかけ、高橋からまた離れた。

あと二十分は、この夕暮れの時がつづくだろう。水底からにじみ出てくるような闇があたり一帯にひろがり、水が夜のなかに入っていくまでのわずかな時間、ここに立ってヤマメと遊びつづけたいと思った。

3　タチアオイの花影で

まだ若かった頃、といっても四十歳にはなっていたが、フライ・フィッシング仲間と語らって、

「帰らざる川の会」というのをつくった。思いつきはもちろんマリリン・モンローの映画からきている。

会員証は、半びらきのあだっぽい唇のあいだから青い川が流れ出していて（マスの姿はない）下唇の下にRiver of no returnと、モンロー映画のタイトルを入れた。映画の邦題は「帰らざる川」ではなく、「帰らざる河」だったけれど、フライ・フィッシャーマンにとっては「河」ではなく「川」のほうがぴったりくるのはいうまでもない。

会員は十五名ほどで、誰かが布製の会員証をつくってくれた。それを帽子やらヴェストの胸などにつける者がいたから、デザインの評判はよかったし、会員はその気になっていたのである。しかし、その気がどういう気であったかは、ほんとうをいえば当時からはっきりしなかった。だいたいがこのタイトル、川でも河でも、よく考えてみると意味不明なのである。帰らざる川とは、川に帰らないのか、川へ行ったまま誰かが帰らないのか。あるいは、たんに川は流れていって、流れた水は二度と戻ってこない、ということなのか。

そこらへんを深刻に議論する仲間はいなかったが、気分としては、いったん川へ入ったら、二、三日は、あるいは人によっては半永久的に家には帰りたくないという、ちょっと切ない心情を会の名称に託していたのである。

かんたんにいうと、いつまでも川で遊んでいたい、のである。しかし、その思いがいくら積っても、やっぱりいつかは家に帰らなければならない。あなたも、僕も。だから切ない心情なのである。

以下は、そういう切ない心情とは直接関係がない、あやうく家に帰りそこねそうになった話である。しかも、夏の真昼間にそうなったのだ。

山形県の内陸部に位置するその川の周辺は、風変わりな地形だった。東西の幅一キロにもみたない盆地が四キロほどつづき、盆地の両側は小高い山の連なりに縁取られている。一本の川が盆地の底をくねくねと蛇行しながら流れていて、その間は流れがほぼ平坦で落差がない。幅の狭い盆地はほとんどが田んぼで、ところどころにタバコなどが植えられている畠。つまり川から小さな土手を這い登ると、上は一面の稲田という風景がえんえんと続いた。

四キロの盆地が尽きようとするいちばん奥に、かなり大きな集落がある。集落のなかを流れる川は、そこから上流では深い山襞のなかに入る。だから渓流釣りはその集落より上流、ということになっているらしい。

しかし、僕は盆地のなかの四キロの流れに奇妙に心ひかれた。一〇メートル以上の河原をもつ川が青々とした田んぼのなかにひっそりと流れている。

宿泊している市街地からタクシーで奥の集落にまで行った。そこから釣りのぼる予定だったのを急に変更して、今来た林道を三キロほど戻った。砂利道の林道の下を流れがえぐるように接近している場所で車を降りた。やっぱり心ひかれた流れをやってみようと、タクシーのなかで思い返したのだ。夕方迎えに来てくれる場所は、さっきそこでUターンした集落のなかの橋のたもとで運転手と約束した。タクシーは去り、僕は川に下りた。

六月末の土曜日。タクシーで往復するときに、見とおしのいい風景のなかで釣りびとのらしい車は一台も止まっていなかった。四キロの林道で行きあう車は一台もなかった。河原に立つと穏やかな瀬音が聞こえるだけで、まったくの静寂。ただ、午前九時をまわったばかりなのに、暑い。梅雨の晴れ間に違いないのだが、日差しは盛夏と変わらず、山形県の内陸部のこのへんによくあるフェーン現象が現れているのかと思うほど暑かった。

歩きはじめて二十分後、長いトロ場が現れ、その流れのどまんなかで十六番のエルクヘアーPMDに魚が出た。小さい出方なのに、合わせるとすぐに重さがラインに伝わってきた。リーダーが左右に流れを切ったが、手もとまで五メートルというあたりで魚がぐるぐると回転をはじめ、型のいいヤマメであることが分かった。手にしてみると、中流域のヤマメらしい堂々たる幅広だった。

その後、二十分か三十分に一度のわりで、魚が出た。渋い出方で、かけることができたのは半分ぐらい。いかにも夏のヤマメらしい、この釣れ方にだまされているようなものだった。まったく釣れない、あるいはよく釣れる。それだったら、僕はもっとはっきりした行動に移れただろう。思いがけない場所に魚がいて、フライに出る。それがいいかっぷくのヤマメとくれば、仕方なく谷を歩きつづけるしかない。

僕はウィンストンの七フィート半を振りながら黙々と歩いた。前夜の寝不足のせいもある、とそのときは思ったが、とにかく暑い。汗がしとどに流れ、シャツが水をかぶったように濡れた。

一時間後に一本、二時間後にもう一本、デイパックから缶入りのお茶を取り出して飲んだ。汗がとめどなく流れることを除けば、気分は悪くなかった。夏は自分が好きな季節だという強い思いこみが僕にはあり、夏の日に灼かれながら流れをさかのぼるのも好きだ。ただ、二本目のお茶を飲んでしまったあとも汗が流れつづけ、そのしたたりが偏光グラスに水滴をつくるのがわずらわしかった。

それでも、高い土手がつくる日陰や、たまにある川のほうにせり出した木の陰の下で、中型のヤマメがフライに出てきた。同じように、二十分に一回ぐらいの頻度で。

昼近くなって、河原にドロヤナギとクルミの木が四本かたまって、日陰をつくっている場所にデイパックを下ろした。上に集落があり、周囲がすっかり田んぼにかこまれているのに、流れは澄みきっていた。小型コンロとコッヘルで湯を沸かし、コーヒーをいれた。熱いコーヒーを飲みながら宿でつくってくれた握り飯をかじった。

集落までは、あと一キロほどか。そんなふうに計算しながら一方では、このたったひとりの夏の流れが、もっとずっと先まで、少なくともきょうの夕暮れまで、このままずっとつづくようにも思われた。流れと魚の魔法にかけられたのか、脱水症状で意識が少しずつ異常になってきていたのか。

残り一キロの行程で、体調の変化に気づいたのは、魚の出が少しよくなってきたのに、それにもまして合わせの失敗がつづいたからだった。いくらなんでもおかしい。頭のなかがカラカラに乾いて、流れをじっと見つめることができない。すべての光が、目を射すように感じられる。頭を冷やせ。僕はじっさいに何度も水辺にかがみこんで、冷たい水で顔を洗い、頭を濡らした。そしてまたロッドを振りつづけた。そして魚をかけることができれば、うん、これは釣りをしているのだ、と自分に確かめるように思った。

一軒の農家が見えた。集落までたどりついたのだ。ジュース・スタンドを探して、冷たいものを飲もう。もうろうとしながら土手を上り、農家のわきから道に出た。揺れながら歩く小道はなんだか必要以上に曲りくねっていて、どこに向っているのか見当がつかない。ふと見ると、いまいる角の空き地に、一群のタチアオイが、赤、桃色、白とたくさんの花をつけて立っていた。この花のあるところは住む人がいる。そう思って安心したのだろう。僕はその根元にへたりこんだ。デイパックを下ろして仰向けになった。真っ青な空を背景に、原色の大きな花々が宙に浮かんでいるように見えた。そして目をつぶった。

これは熱中症だ、とぼんやり思った。夏に強いはずの自分が熱中症になるなんてまったくどうしたことだろう。予期しなかったことに苦笑しながら、ふらふらと立ちあがり、歩いた。橋を渡って集落のなかに進むとジュース・スタンドがあった。お茶とネクターを立てつづけに飲んだ。そして、冷たいお茶の缶を手にしてもう一度、さっき倒れこんだタチアオイの花が咲く一角に戻った。そこがなぜか日陰になっていたからだった。寝そべると、原色の花々が見え、そういえば自分はこの夏の花が好きなんだ、とラチもないことを思った。

しばらく休んだつもりだったが、あるいは小一時間、そこでほとんど気を失っていたようでもあった。目覚め、正気を取り戻したところで、道沿いの家で電話を借りてタクシーを呼んだ。きょうはこれで釣りを切り上げようと判断したのだ。

迎えに来てくれたタクシーに橋のたもとで乗った。町へ帰ると告げると、車はゆっくり走りだした。さっきへたりこんで、もしかすると気を失っていたあの空き地の、タチアオイの群落を見ようと、視線を向けた。道の曲り角に自分が倒れて横になった空き地があり、根元に放り出されたままの僕のデイパックを見下ろして、色とりどりの花々が明るく笑っていた。

真昼間でも、ヤマメはこんなふうに魔法をかけるから油断できない。僕が魔法にかかりやすい人間であるのは確かだろうが。

4　魔法が解けるとき

釣りというのは、要するにくり返しだろ、よく飽きないものだね、と釣りに興味のない人からしばしばいわれる。しかし、いわれる前に、いつまでやってもきりがないこの遊びに、よく飽きないものだなあ、と自分自身で不思議に思っているのである。

なぜ飽きないのか。自分でもよくわからない。それでヤマメの魔法にかけられたせいだ、という一言を発明し、わからないままにしておくことにした。そういってもいいかもしれない。

ではかけられた魔法がいつか解けて、青天白日、渓流釣りへの熱中から自由になってせいせいすることとなんてあるのだろうか。

まずまずフライ・フィッシングが好きで、機会があればまずまず楽しんでいたが、だんだんと川から足が遠のいて、いつのまにかやめてしまった、というケースはここでは考えに入れない。そういう例はずいぶん多いのだろうけれど、魔法にかけられたわけじゃないから、時がくれば自然にやめてしまうのはごく健全なことだろうし、傍目《はため》にも納得できる。

僕が不思議なのは、これ以上考えられないという熱狂者が、なにかを契機にパタリとやめてしまうことだ。食卓でうまいうまいと連呼しながら食べていた男が、パタリと箸を放り出してしまうように。

親しい釣り仲間のうち、魔法が解けたようにやめてしまった男が二人だけいる。

一人は野沢大介で、野沢については以前ちょっと書いたことがある。どこまでやっても終りがない「あてどない希望」のような渓流釣りが嫌になった、といってきっぱりやめた。やめる契機としては、商社勤めだった彼が独立して小さな貿易会社をはじめたという仕事の大きな転換が裏で働いていたようだった。そして野沢は十四年後に、また谷でロッドを振る世界に戻ってきたのだった。

これから語ろうとするもう一人の木田五郎は、秋田は角館町（現・仙北市）の近くに住んでいた釣り仲間だった。木田五郎とつき合ったのは、彼の四十代後半の五年ほどだった。だったと、過去形で書くのは、木田はどこかに移住して、僕のほうから連絡することができなくなったからである。そうなったのは、二〇〇〇年頃だった。

木田は徹底したヤマメ好きだった。同じ日本の渓流魚でもイワナはほとんど眼中になく、イワナを釣っても釣れてくるものは仕方がないか、という顔をした。

木田のヤマメ釣り好きは、ほとんど探究者と呼びたくなるほどだった。地元といってもよい檜木内川水系、玉川水系、少し離れている雄物川《おものがわ》水系の本流と支流のすべてに通じていた。僕が会ったのは、彼がフライ・フィッシングを始めて三年目という時だったが、つき合うようになってからもヤマメの川の探究はどんどん進んで、僕はその余慶にあずかって、彼と一緒にすばらしいヤマメ釣りをしたことが何度もあった。

いまや忘れられていて、しかし静かに、密かにヤマメがあふれている川、もしくは川のどこからどこまでという流域を、木田はいくつもいくつも探り当てた。近隣に釣り仲間はいないといっていた木田が、なぜそんなに多くの川を知ることができたのか。自分の自由になる時間をめいっぱい使ったということのほかに、川を見る目の特別な鋭さを考えずにはいられない。

僕より五センチは背が高く、広い肩幅と厚い胸をもっていた。ずんぐりしたその体つきと、ごく穏やかな丸顔から、眼光の鋭さというのを誰も感じることはなかっただろう。ボーッとした外貌のなかで、ヤマメの川を探し当てる目だけは並はずれていたのである。

しかし、ここで木田五郎と共にしたヤマメ釣りの場面《シーン》を詳しく語るつもりはない。彼が熱中していたヤマメ釣りをきっぱりとやめてしまった経緯を僕は今思いだしているにすぎない。

彼がヤマメ釣りをやめる、といったのは、檜木内川の最上流部、中洲のように砂と砂利が川のなかに張り出している場所で、二人とも腹ばいに身を沈めて、七メートルほど上流のライズをうかがっているときだった。

木田がミッジで良型のヤマメを一匹かけた後、しばらくして同じ流れにまたライズが始まったのを、僕たちは見ていたのだ。

もう、この釣りをやめることにした。どこまでいっても同じことのくり返しで、飽きたというより、いやになった、と彼はいった。だいたいが無口な男だったから、僕は意表をつかれるような思いで、いくつか質問らしいことをしたのだけれど、結局彼が口にしたのは、二行で足りる言葉のくり返しだった。

ヤマメの川の、果てしない探究者。そんなふうに木田について思っていたから、「同じことのくり返しで、飽きたというより、いやになった」という彼の言葉は、僕には切ないほどリアリティがあるように思われた。

その日は六月末の梅雨の晴れ間で、中洲の上手と向う岸の土手に、野バラの白い花の盛りだった。甘い香りが漂ってきて、中洲に腹ばいになっている僕たちを包んだ。

僕は木田の「廃業宣言」に妙に納得して、「そうなのか」と思った。しかし、いっぽうで別の思いがあった。

この初夏の日差しと、流れてくる野バラの香り、そしてつづきはじめたライズの小さな水の輪、それは僕が生きているなかでたった一度の時間ではないか。フライ・フィッシングという行為はくり返しであるのは確かだけれど、そのなかで現れるのは、たった一度の、どこにもない中身をもつ時間ではないか。それを、君はくり返しというのか。

そういう自分の思いを、木田にはいわなかった。魔法が解けるときがあるのだ、と知り、それはそれで彼にとっては貴重な体験であるに違いない。

木田は友人と一緒にやっていた、角館近郊の自動車修理場兼中古車販売場をすべて友人にゆずり、角館から居なくなった。太田町（現・大仙市）のはずれにひとりで住んでいた家もひき払った。修理場を一緒にやっていた友人にしつこく尋ねてみたが、その友人も木田の行方が知れず困惑していた。ケータイは破棄されたらしく、つながらない。仕事をやめて、新しい職を求めて大きな町にでも行ったのだろうか、と友人は溜め息まじりにいった。

5　最後の一投

下流の、流れがそこで一気に広がっている場所に着いた。九月下旬、午後四時頃である。山形県庄内地方のいくつかの川で遊んで、最後の日の最後の時間だった。

国道にかかる橋の下手に、流れが二〇メートルの幅をもつまでに広がっている。高い土手の上に立つと、広い流れのそこかしこでライズしているのが見えた。いつもと同じように、小さなヤマメに小さなニジマスがまじったライズだろう。

そう思いながらも、コンクリートのゆるやかな護岸をつたって流れに下りた。ライズの主はわかっていても、ロッドを振って確かめずにはいられない。どうしようもない習慣だった。

それにしても不思議なのは、もう四、五年、この同じ川の同じ場所に通ってきていて、どんな季節でもサイズが一五センチ前後のヤマメが釣れることだ。いろいろ考えても理屈に合わない。そして考えることを放棄して、ひととき小ヤマメと戯れてみる。四、五年のあいだ、例外なくそうだった。あるとき、ためしに暗くなる時刻までこの場所でロッドを振りつづけたが、大型のヤマメやニジマスが出ることはなかった。そして、きょうも例外ではなかったことを確かめて流れからあがり、二・五キロ上流の堰堤近くに移動した。堰堤から少し下流、二筋に分かれた流れが河原の凹凸にしたがって複雑になっている場所で、大型のヤマメが出ることがある。最後の時間に、それに出会うことができればと、時刻をみはからって移動したのだ。

一日さわやかに晴れた後、長い斜光があたりを橙色に染めた。風は流れていず、高い土手の下にある河原にうっすらと暗さが漂い始めた。一緒に来た友人は、一〇〇メートル下の、二筋の流れが合して広くなった場所で釣っている。その姿がけぶるような橙色のなかに小さく見えた。

なぜ、こんなに静かなのだろう。僕が立っている場所は、小さく盛りあがった中洲の下を、えぐるように動いている流れがある。その流れが一〇メートル下で瀬に変わっているから、やかましい瀬音につつまれているはずなのだが、自分が静寂の真ん中に立っているような気がした。

流れに自分の意識と五感が集中している。時間にすればわずか数分にすぎないと思うのだが、集中のなかであらゆる動きが止まる。流れはしかしけっして止まることはないのだから、見ている目のまやかしに違いないのだが、動くものを写真機のシャッターが静止している画像としてとらえるように、自分の目のなかで流れが止まった。

一種の錯覚で、流れを前にして奇妙な感覚にひたされるのは、これまでも何度かあった。今また、集中と静寂がきているのだ。自分の体を動かせば、この魔法のような状態は解ける。

僕はロッドを水平にして、リールからラインを静かに引き出した。引き出したラインを輪のかたちにまとめて左手にもった。これでいつでもフライを投げることができる。僕の小さな動きにともなって、緊張がほぐれ、水の流れが回復し、瀬のざわめきが戻ってきた。

水面はまだ明るい。えぐるように半円をえがいて流れている水の、いちばん奥に小さなライズがあった。流れはそう速いわけではないが、ライズの水の輪を残すほど遅くはない。消えて、どこにも痕跡はない。

もう一度、小さなライズ。僕は左手のラインの輪を解き放しながらロッドを振った。七メートル前方、ライズから少し上にエルクヘアー・カディス十四番を浮べた。

しぶきがあがり、魚がかかった。同時に魚が上流に走り、一転して僕の立つ岸辺のすぐ前を下流に向った。下流の瀬には入れないように、ロッドを立てて、ラインを張ると、数分で魚の力が弱くなった。寄せる途中で大ヤマメだとわかった。

水中から濡れている岸辺にずり上げると、頬から体側にかけてにじんでいる紅色があざやかなヤマメだった。息をつめて、バタンバタンと魚が動くたびに散るその紅色を、またしても秋の夕暮れを映しているのではないか、と思った。

目を上げると、空は白い輝きが後退し、青さを増してきていた。遠い海のほうの空の色にはかすかに薄紅色が広がっているけれど、あざやかな紅色も橙色もない。僕は、自分のいつもの錯覚に苦笑しながら魚体の腹部をおさえ、口から毛鉤をはずした。

秘密の谷

1　ヤマメとイワナの魔法にかかると

秘密の谷というものは存在しない。

僕がこれは自分だけの秘密の谷だと思ったとき、それはきっと君の秘密の谷でもあり、彼の秘密の谷でもあったりする。僕と君と彼と、三人だけで秘密を共有しているのなら、まだいい。いくらかは秘密の谷らしげなところがある。しかしどういうわけか、考えてみてもかんたんに理由がみつからないのだけれど、僕以外の君や彼はたちまちネズミみたいに増殖するのだ。その結果、北の果てにひっそりと隠れていたはずの谷沿いの林道に、色とりどりの車が右往左往することになる。

だから、秘密の谷は存在しない。

そのように冷酷なまでに冷静な認識力を働かせて、冷静なる結論を得る。ここまでは何ら矛盾はない。

にもかかわらず、である。僕は自分だけの秘密の谷を二、三、あるいは四、五、いま現在も知っているつもりでいる。ついでに、誰からも忘れられて、いまやイワナ跳びヤマメ戯れる川も片手にあまるほど知っているつもりでいる。われながら不思議というしかない。

しかし、こういう矛盾をかかえこんでいることこそ、フライ・フィッシャーマンの、また渓流釣り師の刻印なのではないか。なぜかというと、こういう矛盾をかかえて平気で生きているのは、僕の頭のなかの半分ほどが、ヤマメやイワナの魔法にかけられているからなのだ。魔法によって、僕の冷静な認識力はあっけなく無効になり、秘密の谷、忘れられた川が存在していると思いこむ。仕方がない。

2　雨の日だけの秘密の川というのがある

ゆるやかな傾斜地に二十軒ほどの小さな集落があり、川は集落の南西にある低い山の裾を流れていた。集落のはずれを半円を描くように流れが囲み、集落がつきる地点で流れは林道と並行して山に向っている。山形の渓流釣り場として名高いA川の、ずっと下流で合流しているその小渓流は、どこにでもあるような平凡な里川に見えた。

集落の入口の橋のそばに車をとめ、坂西康成君と二人で初めてその川に入った。川べりに下り、しばらくは農家の庭のつづきみたいな草地を歩いた。水は澄んでいたが、ビニールのひもとかタマネギの腐ったのとかが川岸に落ちていて、すぐにはロッドを振る気にはならなかった。

少し進むと、背の高い葦《あし》と川べりにせり出している木立に囲まれた。振り向いても、もう集落の屋根は見えなかった。勾配のゆるい、いい流れになった。川床は大小の石で敷きつめられ、砂地が左右の岸のところどころに顔を出していた。流れを縁取る林は山側の右岸も集落側の左岸もけっこう樹木の丈が高く、六月初めの朝の光が木々のあいだから流れに差した。

坂西君と僕は交互にロッドを振り、一キロほど釣ってみた。少し深さのある長い流れからは中型のヤマメが出た。岩陰のたるみからは同じくらいのイワナが出た。ヤマメもイワナも、野生を感じさせる凜《りん》とした姿だった。

入渓点から一キロほど遡ったところに低い堰堤があり、そこで集落を抜けた林道が川に沿って走っていた。僕たちはそこから林道に上がった。

まずまずの、いい谷だったね、と僕がいうと、うん、まあ雨の日じゃなかったけどね、と坂西君が笑いを含んだ声でいった。

この坂西君のせりふにはわけがあった。彼は五、六年前、山形の渓流で知らないところはないと豪語する先輩、それも餌釣り何十年という釣り師から、この目立たない沢の存在を教えられたのだった。まともな釣りびとはほとんど入らない、つまり秘密の沢である。しかし、雨の日でないと、真価をあらわさない。そのかわり、少々の雨でも水は濁らないし、水が引くのも早い。雨ではかの川がダメだったときはこの川を頼れ。

まるで秘法を伝授するみたいなこの先輩の言葉を、坂西君はしつこく覚えていたのだ。そして聞いてからずいぶん時が経った六月のある晴れた日に、たまたま通りがかったその沢に入ってみたというわけだった。

翌年の七月初め、梅雨のさなかにこの流れを再訪したのは、雨の日を選んで釣ろうとしたからではなかった。だいいち僕たちが山形に入った日はめずらしくきれいに晴れあがって、日差しが強く、暑かった。しかし、それまでの何日間か間断なく雨が降りつづいたらしく、ここなら大丈夫かもしれないと見当をつけて立ち寄った川はほとんど例外なく濁流が渦巻いていた。快晴だっただけに、あっけにとられ、恨めしく川を眺めるしかなかった。

そこで雨の日に行けといわれたこの小渓流まで様子を見に来たのだが、本流との合流点を崖の上から見下ろすと、やはり褐色に濁った水が勢いよく本流に注いでいた。さらに上流の、集落を抜けて道のすぐ下が川という地点へ行ってみても、去年来たのと同じ川かと思われるほど濁った強い流れがあった。ただ、これまで見た川にくらべて心なしか流れの表面の濁りが薄いようだし、増水も手がつけられないというほどではないように思えた。一晩経てば釣りができるのではないか。明日を期そう。同行の坂西君とそううなずきあって、その日は早く町なかのホテルに向った。

翌日、僕たちは早朝に起き出して谷へ急いだ。秘密の谷といったって、こっちが勝手にそんなふうに思っているだけのこと。最初に谷に入らなければ何にもならない。

空は一面に薄い雲がかかっているが、全体に明るい。雨の心配はない。

流れは思った通り回復していた。水量はまだ多いけれど、十分釣りにはなる。川筋いちめんに薄い靄がかかり、その下の流れは白っぽい半透明のヴェールが水中にそよいでいるような色だった。どこか上流で石灰の粒子が水に溶けだしているような感じだ。幅一〇メートルほどの流れを右岸側に渡ってみた。ウェーダーにまつわる水の抵抗は思ったほど強くなかった。もともと深い流れが少ない谷なのだ。

第一投で、なめらかにすべっている三メートルほどの流れの上に十四番のエルクヘアー・カディスを落とした。すぐに流れが小さくざわめき、魚がしっかりフライをくわえた。強い抵抗で前へ走ろうとする魚を、サマーズの六フィート半のロッドがひっくり返すようにこちらに向けた。魚がグルグル回転しながら手もとにきた。

ヤマメは銀白のきらめきを放ち、それでいて藍色のパーマークがくっきりと体側にあらわれていた。体高が十分に高く、ひきしまった魚体の先端に、金色に縁取られたあどけない丸い眼があった。

左岸にいる坂西君のほうに顔を向け、小さく笑いをかわした。坂西君は一段上のやはりすべるような流れにパラシュートを浮べた。ピンクのインジケーターが流れにのると同時に魚をかけた。僕のとちょうど同じぐらいの、型のいいヤマメだった。彼がそれをコンパクト・カメラにおさめているうちに、僕は目の前の右側すれすれの浅い瀬から、また中型のヤマメを釣りあげた。

そんなふうに一日が始り、ずっとそれがつづいた。まとまりのある流れからはもちろん、岸辺の大小の石をひたひたと打つ緩流《かんりゅう》からも、岩の陰のたるみからも、魚が出た。すべてのポイントからというより、ポイントでないところからも出た。少し上流への歩みをすすめてみると、流れ全体に魚がひしめいているという感じになった。

流れの真ん中で毛鉤をはずし、手もとが狂ってその毛鉤が流れにひかれて下流に連れ去られる。ロッドを立て、ラインのたるみをとってみると、小さなヤマメが流れた毛鉤にかかっていた。苦笑するしかなかった。

この日は雨ではなかったが、ここが雨の日の谷というのはほんとうだった。きのうまでは濁流だった。一夜明けると濁りが消え、増水した流れから次々に魚が現れた。釣れすぎて前に進めず、去年そこで川から上がった小堰堤を越えたときにはもう昼を過ぎていた。

堰堤の上は、狭くなった流れが真っ直ぐに二〇メートルほどつづいていた。一〇メートル先に、おそらく石が横一列に川を堰止めるように並んでいるのだろう、波が一段高く盛りあがっている。その盛りあがる水の下に何気なくフライを投げてみた。大きな魚が流れの左手から突進してきて、フライをかすめ、一瞬盛りあがった波の上に横ざまにのるようにして全身をあらわし、反転して波の向う側に消えた。四〇センチ近い大物。フライに届いたのか届かなかったのか。それがはっきりしなかったが、どっちにしろ、合わせに失敗したのだ。

気をとり直して（ついでにフライをつけ直しもして）、ロッドを振りつづけたが、大ヤマメは波の上にあらわれた幻影みたいに二度と姿を見せなかった。その盛り上った波を通りすぎたずっと上手で、その日の平均サイズである二四、五センチのヤマメを二匹かけた結果になった。

坂西君の先輩がささやくように伝授してくれた谷の秘密が、この日初めて明らかになった。その後も毎年のようにこの沢をのぞいてみるのだが、平水か平水以下の穏やかな日には、ポツポツと中型の魚が釣れるだけの平凡な流れというしかなかった。ただこの後にもう一度、たまたま雨模様だった秋の日に、流れはその強烈な真の姿を見せてくれた。だからこの渓流は僕の秘密の谷というより、谷自身が一種の秘密をもっていて、その秘密を僕たちが知っているということになる。

3　つくってはつぶされる秘密の谷の悲しさ

知人が紹介してくれた福浦君は、いかにも九州男子という感じの男だった。言動がおおらかであると同時にきっぱりしている。渓流釣りはフライもルアーも、場合によっては餌釣りもやる。「しかし本職はアユ釣り師なんです」といって少し笑った。笑顔のなかに、自信とそれを裏打ちしている年月があるように思われた。

僕は中津市(大分県)のホテルに泊っていた。朝、車で迎えにきてくれた福浦君は、秘密の場所に案内する、誰も行かないところだから今時分でも釣れるだろう、といった。今時分でもと彼がいったのは、六月末のこの時期はエノハ（ヤマメ）釣りにはもう遅いということらしかった。僕は九州でのフライ・フィッシングは初めてで、勝手がよくわからず、すべてをこの九州男子にまかせた。

湯布院《ゆふいん》の裏側にあたる低い山地をグルグルまわって、目的地に着いた。山はさして高くないのだが土と石ころの林道を走りつづけたせいもあってずいぶん山深いところに来たという感じがした。

急斜面のはるか下のほうに流れがあるようだった。かすかに滝の音がした。福浦君はその滝壺をめざして急斜面を斜めに下りて行く、といった。

悪戦苦闘して下り立ったところは、滝壺から流れ出した水が薄くひろがって、もう一度川になろうとする場所だった。浅い流れを少しのぼって行くと、大きな滝壺が現れた。直径でいえば三〇メートルほどはあろうか。ただし滝じたいはそんなに高くはない。

滝壺の水は黒っぽく、深そうに見えた。周囲を南国風の常緑樹と蔦性の植物がびっしりと囲んでいたせいかもしれない。北国の六月の谷とはずいぶん違うな、と思った。

ここにはエノハが群れているはず。難なく釣れるのでちょっとつまらないかもしれませんが、と福浦君がいった。釣れすぎてつまらないとはね、願ってもないと心中でつぶやきながら、僕はロッドを振った。浅い流れ出しにほぼ万遍なく十四番のブルーダン・パラシュートを入れた。魚は出なかった。いつまでたっても魚は出なかった。

フライをカディスに替え、アントに替え、右側の岩壁の下、左側の岩場の陰、プールのなかの流れの筋目というふうに全ポイントを探った。しばらくして福浦君もロッドを振りはじめたが、魚はハヤの半匹も姿を見せなかった。

あきらめるしかなかった。満々と水をたたえる滝壺に目をやりながら福浦君がいった。三年前、友人と二人でこの滝壺にエノハの幼魚を放流した。魚は順調にふえ、滝壺とその下流三、四〇〇メートルの流れに中型のエノハがあふれた。エノハを釣りたくなるとここに来た。実際、この四月末にもひとりでここに来て、中型のエノハをたくさん釣った。

彼は最後に、「クスリを流されたんだ」とうめくようにつぶやいた。

「こうやって秘密の谷をつくると、それが誰かにつぶされる。またつくる。またつぶされる。またつくる。そのくり返しで一年二年と年月が経ち、いつまで同じことを続けるんだろと自分でも思うんだけれど……」

僕は秘密の谷が秘密でなくなるちょうどその時に立ちあったわけだ。黙って福浦君の困惑した表情を眺めるしかなかった。

4 「発見」したその谷はごく平凡な顔をしていた

北越後にあるその小さな谷に行き当たったのはまったくの偶然からだった。

いまでもサケがのぼってくる本流と、そこに流れこむたくさんの支流群。その支流の支流ともいえる谷を見つけたのは、昔はいい渓流釣り場だった川を見るためにいつものように坂西康成君の車に同乗していたときで、ふと思いついてもう一つ奥の、というより脇の集落とそのなかを流れているはずの谷に行ってみないか、といった。

七月半ばの土曜日の午後で、釣れない流れと、何よりも渓流沿いの林道にとまっている車の数に坂西君も僕もうんざりしていた。坂西君は僕の提案にすぐに乗って、車の方向を変えた。一つの村を抜けて、山中の田んぼが終ったあたりから上り下りを二回くり返すと、数件の民家が見えた。道の両側の民家が尽きたところに橋がかかっていて、橋の下には澄み切った水が音をたてて流れていた。

それが僕たちが「発見」した川で、そのときは川の名前を知らなかった。もちろん発見したなどというのは川とその近くにある四、五軒の農家の住民にいいがかりをつけるようなものだ。さいわいにも釣りびとに忘れられてしまった川がそこにあり、僕と坂西君がそのことに乗じて勝手に「発見」したと称し、僕たちの秘密の川と呼んでいるにすぎない。

この川に出会った経緯を語ってみたい。

最初に川に入ったところには魚がいなかった。集落（といってもポツンポツンと数軒しかない）のなかにかかっている橋を渡ると、道が上流側と下流側に分岐し、僕たちは上流への道をとった。しばらく行くと杉の丸太が片隅に積まれている平地があった。そこに車をとめてすぐ下の川を見た。川幅いっぱいに流れる広い瀬が上流に向って二〇〇メートルほどつづいていた。

対岸には高い林がつづく流れの美しさにひかれて川に下りた。底石の一つ一つが見えるほどの澄み切った流れでロッドを振ったのだったが、長くつづく瀬から、手のひら大のヤマメが数匹釣れただけだった。

こんなものか。しかし、瀬に小さなヤマメがいたのだから、下流部に移ってみるのがいいかもしれない。あまり根拠のない想定のもとに、車で下流に向った。道路の谷側から満開のネムの木が道路の上にまで突き出していた。その物憂げな花ざかりを、僕は釣れない日の憂鬱な気分で眺めた。

二キロほど下がると、道のすぐわきを川が流れている場所があった。山に入る林道にかかる小橋のたもとの空地に車をとめ、流れに入った。上流とは渓相が一変し、よく山村で見かける小川のようなおもむきがあった。高さ一メートルに満たない蛇籠《じゃかご》を積んだ堰があり、その上で流れがひらけた。

七月の木洩れ日が、広がった瀬に網目模様を描き、光が流れと戯れていた。

十四番のエルクヘアー・カディスがおそろしく見えにくかった。フライの落ちたあたりに目をこらしていると魚が走り、魚の動きを見て軽く手首をかえす。魚が鉤にのっていた。いい型のヤマメだった。

坂西君とかわるがわるにロッドを振った。長くつづく瀬のところどころに木洩れ日が落ちて水がまたたくように光る。それに合わせて、ヤマメが瀬のいろんな場所に星々のように散らばっていて、フライを追って流れ星のように走った。そんなふうに思ったのは、この静かな流れが人びとに知られることなく、ひそかに身を横たえているような姿に打たれたからだったろう。途方もなく大切な流れがそこに隠れていて、美しいヤマメが遊んでいる。遡行してゆくと、流れが体のなかを通りぬけていくようだった。

瀬をすぎると流れは太い帯になって、地形にしたがってくねくねと蛇行した。その曲り角ごとに必ず小さな淵をつくっている。淵ともいえないような浅い溜りなのだけれど、かけあがりにいる魚は流れの表層を向いていた。たいていの淵のかけあがりでその姿がはっきり見えた。ここのヤマメはフライを待っているみたいだね、と僕は並んで遠くのヤマメを見ている坂西君にバカなことをいい、彼は魚から目を離さずに苦笑した。

流れは三〇メートルごとに大きく曲り、蛇行しながら表情を少しずつ変えて、川はどこまでもつづくように思われた。そしてどこまで行ってもヤマメの姿が水のなかできらめいた。車で道を下りてくるときに見たネムの木の林まで来たときは、日が傾きかかっていた。夏の夕暮れの斜めの光が、頭上のネムの花ざかりをはなやかにしていた。

土手が切れているところで草つきのゆるい斜面をあがってみると、青々とした田んぼがひろがっていた。ひっそりと静まりかえっている稲田が一瞬昔の隠し田みたいに思われた。今どきそんなものがあるわけがない。では隠れ川はどうだろうか。車がどんな川にでも入って行けるような今どき、同じくそんなものがあるわけがない。でもこの川は、たしかに隠れ川の風情がある。われわれの秘密の川と呼んでみてもいいのではないか。田んぼのわきの坂道をゆっくり登りながら、坂西君とそんなことを話しあった。車道に出ると夕日が顔をまともに照らし、偏光グラスをかけていてもまぶしかった。

改めて思いをこらしてみると、これは不思議な川、といえるだろう。

釣り場としては、六キロほどの流程でけっして長くはない。その六キロを下流、中流、上流と分けて呼びたくなるほど、渓相がくっきりと異なり、変化に富んでいた。

下流部はいま語ったように、最初の日に入った、花咲くネムに飾られた蛇行の多い穏やかな流れで、のちにはさらに道路に沿って一キロほど下ったところからためしてみたが、その下流部の下流からもけっこうヤマメが出た。道路沿いの流れで、かけられた小さな橋を左岸側に渡ると、田んぼがひらけている。しかし、流れる水の透明なことは変わらず、ヤマメの整った姿形も変わらなかった。

中流域は、最初の日に最初に入って小ヤマメしか出なかった広くて浅い瀬の、三〇〇メートルほど上流から始まる。そこで、流れの姿はがらりと変わった。

両岸の斜面が急になり、流れが狭くなった。狭くて小さな段差がつけられた流れの上は、左右どちらかの岸から大小の木の枝が差しのべられている。それらの豊かな木立がその下の清冽な流れを守っていた。

流れのところどころが真っ白な砂地で、その白さが目を射るせいだろうか、流れが上流から運ばれてくるのではなく、いまその砂地と苔むした大小の岩のあいだあたりから生れたばかり、という表情をしていた。

僕はそんな流れの表情に、ほとんど酔った。酔いながら、ロッドを振ると、一つの短い流れから一匹のヤマメが出た。水のなかを走る魚を手もとに引き寄せ、手を濡らしてすくいとってみると、二五センチのヤマメがいまそこで生れたばかりの生きもののように見えた。流れに酔うというのは、そんな錯覚のなかにやすやすと誘いこまれることなのかもしれない。

進んでいくと、谷が少し広くなって、そのぶんだけ自分の動きが自由になったような気がする。しかし、高い木立に覆われた別天地にいるという思いは、流れから出てくるヤマメに忙しく応じているかぎり変わらない。秘密の川にいるのだと頭の隅のほうで思いながら、なおも流れを進んでいく。

別天地の感じが破られるのは、意外にも不意に通らずが現れるときだ。岩場がつづき、その先が切り立った岸壁に変わる。岸壁のなかで流れは小さな滝と淵をつくって、先に進めない。一〇メートルほど屈曲している淵の、いちばん手前のかけあがりに魚が出ていればそれをとる。そこでわれに返って、左側の急な斜面を足場をさぐりながら登り、いったん林道に出る。

林道を少し歩いた後、こんどはゆるやかになった斜面のヤブをこいで、もう一度流れに下りる。両岸の斜面が少しだけ後退していて、そのぶんだけ谷が明るくなる。通らずまで、ポツンポツンとまじっていたイワナが、このあたりから多くなる。

橋が現れる。この橋で、上流に向う林道が右岸から左岸に移るのだ。その橋が見えはじめたあたりで、流れが左岸の岸壁に打ち当たり、壁の根をえぐるようにして曲っていて、小さな淵状になっている。僕はそこで少し緊張して、フライを新しいのに取り替え、流れのいちばん下にキャストする。

いつもそこには大型のヤマメがいた。同じ型、同じ色あい、同じ表情をしたヤマメなのだが、三、四年それがつづいたのだから、同じ魚であるわけはない。その淵を居場所として受けついだ魚が、同じものと見まがうほどに似ていた、ということなのだろう。立派な魚を水に戻すたびに、よく知っている魚に別れを告げるような、奇妙な気分になった。

橋から上の流れが僕にとってはこの谷の上流部だった。その上流部はわずか一・五キロほどの流程なのに、不思議なほど変化に富んでいた。というより、さまざまな渓相がその一・五キロのなかに詰めこまれていて、これはどういう谷なのだろうと、立ち止まって考えこんでしまう。そして考えてもしかたがないから、また歩きだす。

両岸から葦が流れのなかにまでせり出していて、そこでは流れが音を消してゆっくりと滑っていた。明るい夏の日差しのなかから出てくるのは、おそらくヤマメだ。そう思って、いちばん下手に密生している葦の根元すれすれにエルクヘアー・カディス十四番を落とすと、ためらいもなく出てくるのは中型のイワナであったりした。

腹部が金色に輝いている、源流部のイワナの姿をした魚が、里川ふうの葦に囲まれた流れから出てくる。そんな釣りをしながら、ゆっくりと散歩の歩みを運ぶように進んでいくと、自分の頭と体にまつわりついている日常性が一枚一枚剥がれていく感覚が確かにあった。

やがて、一〇〇メートルほどつづく岩場に出た。両岸に大きな岩がごろごろ転がっていて、やがて流れをかこんでいる斜面が垂直の小さな岸壁に変わった。

小さな段差をもちながら左右に屈折している流れの底は、わりあいに小石が少なく、真っ白い砂の部分が多かった。できるだけ魚の居そうな場所から遠く離れて、流心と流側のさかいにフライを落すと、すばやい魚の反応があった。白い砂の上に魚影が走り、エルクヘアー・カディスをがっちりくわえたのだ。

なんだろうこの魚は？　足もとまで魚がきても、とっさに判断に迷った。体側が真っ白に輝いていたからだ。銀色ではない、白い砂が育てた、白いイワナ。手にとって魚体をつくづく見るうちに、突然変異ではない、まわりの自然にふさわしい白く輝くイワナなのだ、と納得した。もちろん、背中から体側にかけては、ごく淡い褐色が残っている。しかし、一言で、白いイワナというのがふさわしい魚体だった。

一匹二匹のことではない。白い砂底が優勢な流れが二〇〇メートルほどつづく、そこで出てくる魚はすべて白いイワナだった。

谷が高い急斜面に囲まれるようになると、やがて大きく右に曲る。曲ったところがこの秘密の谷の終着点だった。

正面に広い小石の河原が広がり、浅く広がった淵がある。その淵の上は、両側からYの字の斜線のように岸壁が下りてきて、Yの字の足の部分が落差三メートルほどの細い滝になっていた。

滝の流れは飛沫をあげることなく、蜂蜜のようなトロリとした流れだった。最後に行き当たった滝の不思議ともいえる光景だったが、そのせいかもしれない、僕と坂西君はいつもそこでロッドを振るのを止めた。そして木のまばらな急斜面をジグザグに登って、そこまで来ている林道に出て、一息入れたのちに林道を下った。

滝の上に出る細い山道がはっきりついているのは見定めてはいたが、僕はそこに足を踏み入れる気にはならなかった。たぶんあの小さな滝の姿が、そこで上流部が終ったのを告げていたのだ。

その秘密の谷は、まだ秘密の谷としてある。しかし、そんなに遠くない将来、秘密であることをやめる予感が僕にはある。去年も一昨年《おととし》も、訪れたときに釣りびとの気配があった。去年は最下流部にまちがいなく釣りびとの車と思われるのがとまっていた。一昨年は下流部の小さな河原の石の上に、市販のリーダーの袋が落ちていた。フライ・フィッシャーマンが来ているのだ。せめて、ゴミぐらいは拾っていけよな。谷にそんな気配を発見すると、秘密が秘密でなくなってしまう日が近いのを覚悟しなければならない。

九州の福浦君がいったことが頭のなかによみがえる。彼が苦労して隠れた谷に放流し、秘密の川をつくる。誰かがいつのまにかやって来て、それをつぶす。またつくる。そのくり返し。僕は放流はしないけれど、ともかくも隠れた谷、忘れ去られた川を見つけだし、それを秘密と称して大切にする。しかし、もともとが無理な発想なのだ。秘密の谷は遅かれ早かれ秘密でなくなり、僕はまた別の流れを探しはじめる。そのくり返し。

静かな谷で、美しい渓流魚と遊びたい。僕にそのようなあてどない希望がある限り、このくり返しがつづき、時が流れる。そして時が流れるにしたがって、わがあてどない希望は少しずつ疲れてきたらしく、希望のくせにしきりに溜め息をつくようになった。

川が頰笑むとき

1　晩夏の光の中で

こんなにゆったりした、広いプールが連続する流れだっただろうか。三〇メートルもあるトロ場が急峻な崖の根を洗うようにして流れ、水面が夏の終りの深い緑に染められている。

二〇〇四年八月末、岩手県のある川。七、八年ぶりに見る流れだった。

以前は、深い山襞のなかに突如として大きな流れが現れるという印象だった。恐ろしいほどの静けさに包まれた、明るい谷の明るい流れ。そんな川が、山の奥にひっそりと隠れていた。どこまでもさかのぼっていきたいと思うほど、美しい流れと釣りに没頭したが、たいていは時間切れで、夕刻、入渓点から四キロ先の橋のところから林道にあがった。

そんなふうに、ゆったりした流れにふさわしく、ゆっくりと釣りのぼった記憶があるのだけれど、必ずしもいい釣りをしたのではなかった。いやむしろ美しい流れがかたくなに沈黙しているという印象が強かった。

僕たちに対し、川はなかなか頰笑んではくれなかったのである。

僕たちというのは一関市に住む吉田喜春さんと山田勝治さん、それに僕の三人で、川へは何度かこの三人で入った。さしたる理由もなく、数年間吉田さん山田さんと会わずじまいに過ぎ、二〇〇四年の晩夏、二人はひさしぶりにその川に案内する、といってくれた。

川を見下ろす林道に車をとめ、めいめいが仕度をした。といっても、僕はいつもの姿形で、まずは平均的なフライ・フィッシャーマンのそれである。地元の二人の出立《いでた》ちを見て驚いた。ウェーダーと靴とヴェスト。共通するのはそれだけで、吉田さんは麦藁帽子をかぶり、腰に蚊とり線香をぶら下げている。山田さんは、竹で編んだ籠を背負い、籠の中にパック・ロッドをケースごと固定してある。二人とも申しあわせたように首に手拭いらしきものを巻いている。

フライ・フィッシングというよりも、山菜とりか茸とりにふさわしいかっこうで、つけ足しみたいにひとりはロッドを手にし、ひとりは背中にかついでいる。

僕は自分が恥しくなった。遊びに出る貧乏サムライのようなこの二人の質実な姿にくらべると、僕はいちじるしくフライ・フィッシャーマンらしく、シャツなどもはでで軟弱である。ヴェストの中にフライ・ボックスだって大小四個も入っている。この二人のヴェストのポケットはぺしゃんとへこんで、ボックスなんか入っているようには見えない。

こういう簡素でフライ・フィッシングらしくない二人の姿を見れば、流れは思わずクスリと笑って、頬笑んでくれるのではないか。

僕は半ばマジメにそう思った。しかし、この日の釣りは、とても川が上機嫌だったとはいえなかった。僕は一日がかりで中小型のイワナを十匹ばかり釣ったが、とびきり美しい流れを釣りのぼった結果としては、いかにも貧しいという感じが先に立った。

二〇〇四年八月、ゆたかで静かな流れは、晩い夏の光のなかで沈黙していた。

2　雨の中で川が静かに笑った

川によって微笑の表情は違うけれども、川が頬笑むときが確かにある。僕はいつもそう思っているし、二〇〇四年にひさしぶりに訪れ、その後つづけて行くようになったこの川で、次の年の六月、流れが静かに笑うのを見たのである。

川へ行く道路は、意識してあたりを見ると、昔来たときとはずいぶん違っていた。新しく建設中の広い道がまっすぐ続いているかと思うと、それが不意に途切れて、山の斜面を這う古い林道に入る。しばらく行くと、また新しい道に出て、その道が出来立ての立派な橋につながっている。新道と旧道のめまぐるしい交差が、川へ行く道の記憶をあいまいにし、ひいては川そのものの記憶をあいまいにした。以前数回は来ていて、ひとたびはなじみになった川という感じではなかった。

今は、けぶるような雨に谷がつつまれている。六月末の樹々の緑がしっとりと雨を吸っている。しかし、長いトロ場の静かな水のおもてでも、雨脚が立つというほどではなかった。雨のこの谷は初めてだった。

記録をとっているわけじゃないからさだかではないが、ひさしぶりに来た二〇〇四年の八月末は別として、以前この谷に何度か来たのは、いつも初夏でさわやかに晴れていた。透明な水の輝きも、時折はフライに出てきたイワナの姿も、初夏の川のイメージだった。

それとも、あれは別の川のことだったのだろうか。目の前の雨の降る谷と、記憶の映像が結びつかず、なんだか心もとなくなる。しかし、目の前の流れは沈黙していたわけではなかった。大ヤマメが釣れはじめ、そうなると記憶の混乱なんかどうでもよくなった。

谷に入って十分後、最初の大淵で意外にも大ヤマメが浮上してきて、毎度おなじみの儀式みたいにそいつをかけそこなったのが始りだった。

ここで魚が出なかったら、どこで釣れるというのだ、と内心叫んでしまうような好ポイントがどんな川にもある。しかし、そういう好ポイントで釣れることはめったにない。そこへやってくる釣りびとがまさに全員、内心の叫び声をあげ、流れをいじくりまわしてしまうから、魚は水中深く隠れて出てこなくなる。

しかしこの日は、「ここで魚が出なかったら」の好ポイントから、魚がとび出してきた。二〇メートルつづく長い深瀬の、いちばん末端にエルクヘアー・カディス十四番がさしかかると、銀色のヤマメの魚体が水面にくねった。リーダーが何度となく水中を往来し、最後に魚はぐるぐると回転しながら水際の砂利の上にあがった。

銀色の魚体に濃い藍色のパーマーク。頬のあたりにわずかに赤みが差しているけれど、側線にそって赤みはない。色彩は渋いけれど幅が広く、かつ体に厚みがあった。ためしに体長をはかってみると、二九センチに数ミリ欠けた。

大場所からたてつづけにヤマメが出た。さらさらの瀬から尺ヤマメがとび出し、ゆるい、厚い流れには中型のヤマメが定位していた。五匹目を釣ったとき、山田さんと吉田さんが寄ってきて、「またヤマメかあ」「ここでヤマメとはねえ」と感に堪えないふうにいった。

いや、ヤマメがいないというんじゃない、と山田さんがいった。でももうこのへんになると（入渓してから一時間ほどたっていた）、イワナのほうが多くなって、型もよくなる。こう立てつづけにヤマメがくるとはね。

しかし、僕に遠慮して、脇の流れでロッドを振っている吉田さんも、さっきから二度ばかりいいヤマメを取りこんでいた。うーんと首をひねりながら、大ヤマメを釣っていたわけだ。（ついでにいうと、この日の吉田さんの頭にのっていたのは、麦藁帽子ではなくふつうの登山帽。雨だったからね。）

雨は時折、途切れるようにやんだ。静かに降り、静かにやむ。そんな雨だった。雨の糸が途切れると、遠く上流のほうを見ていた山田さんがロッドを振った。フライ（あいかわらず十二番ぐらいの、大きなパラシュートだ）が一メートル流れると、水中に魚が動くのが見えた。山田さんがゆっくりしたタイミングで合わせると、それは尺にちょっと欠けるイワナだった。

山田さんは、「うむ、イワナだね」と満足げにつぶやいた。この山歩きと釣りの名人は、愛着する川に、彼独自のイメージをもっているのだろう。ここでイワナを釣る、と思えば、釣れるのはイワナでなければならない。

魚は釣れつづけた。細い雨がいつのまにか霧に変わり、またいつのまにか雨になる。風はなく風景は動かない。雨が途切れた午後の早い時間に、吉田さんの奥さんが用意してくれた昼飯を食べた。岩場に腰を下ろし、流れを見ながらおにぎりを頬ばった。

その時、きょうは、流れが頬笑んでいる、と思った。魚がよく釣れたから、そう思ったわけではない。もちろん、魚がまったく釣れなければ、川が沈黙しつづけていれば、そんなふうに感じることはできないだろう。だから、やっぱり魚が釣れていなければならないとしても、それだけではだめだ。

雨のなかに、美女が静かに身を横たえて、ちょっと気だるげに頬笑んでいる。白い足にまつわる裳裾《もすそ》が、ゆったりと流れて。そんなふうに思った。明るい日差しをあびて水が輝きながら流れるときではなく、この静かな雨の中で川の頬笑みを感じるのが意外だった。

川から戻った夜、吉田さんの奥さんがつくった、野菜中心のすばらしいご馳走にありついた。吉田さんも山田さんも、アルコールが体に入って口が軽快になった。ヤマメの大型がたてつづけに釣れたことが話題になった。「自分の川」みたいに慣れしたしんでいても、なお意外な表情を川は時折見せる。そういう話になった。表情といえば、雨のなかで川が頬笑んだことについて、僕は黙っていた。

3　入れ食いの翌日は

次の初夏、前年のいい思いを引きずるようにしてやって来たが、まったく当てが外れた。空梅《から つ》雨《ゆ》ぎみでいつもより水量が少ないうえに、この谷にしてはめずらしく熱気に包まれるように暑かった。お定まりのコースである下流部は、沈黙した。

その後、夏の終りに吉田さんに電話すると、初夏の悪い思い出を振り払うべく、山道を一時間上流に向かって歩く釣りを提案してくれた。

あの美しい谷の奥の奥まで行きたい。何度も最奥部まで行っている山田さん吉田さんの話を聞くたびにそういう思いをつのらせていたから、僕はすぐその話にのった。一時間歩けばいいんですか。なら楽勝ですよ。必要なら二時間でも大丈夫だけど。などといったのは半ばはヤケだとしても幾分かは本気でもあった。

僕は長いこと忘れていたのだったが、十年ほど前、初めてこの川の最上流部に来たときは、川に沿ってずっと林道がついていたのだ。秋十月、釣りのシーズンが終った後で、その最上部まで茸とりに行った。

細い水流が幾筋にも分かれて、平坦な林のなかを流れていた。よく晴れた日で、木立のなかにも、そのはずれの草原にも透明な秋の光があった。その平地には四、五台の車がとまっていて、茸とりらしいひとが何人もうろうろしていた。茸とりではよく知られた場所であるらしかった。

しかし、茸は思ったほどはとれなかった。ヒラタケとナメコが少しずつ。気持の良い半日を終えて、車に戻ったところで、異変があった。山田さんがタイヤの下だったかに隠しておいたキイの場所が、微妙に変わっていたのである。タイヤの前と後ろの違いだったかと思う。

まさか誰かが車を開けたのではないか、と山田さんはつぶやいたが、そのまさかが起っていた。

僕は山田さんと吉田さんに昼近くに駅で拾ってもらい、まっすぐに山のなかに来たのだった。旅行鞄をハッチバックに入れ、ついでに財布や手帳を旅行鞄に入れて上着だけ背広から薄手のマウンテン・パーカに着替えた。誰かが、恐しく研ぎすまされた目で、それを見ていたらしい。その日、宿に入ってから財布のなかの現金がすっかり抜かれていることに気づいた。しかし、財布はそのままで、カードのたぐいもそのままある。現金だけ抜いたのは、まさにプロの仕業のように思われた。

事態を知った吉田さん、山田さんの二人は天を仰いで怒り、嘆いた。「岩手の面汚し！」とまでいって。しかし、僕には別の思いがあった。

泥棒君が茸とりに来ていた、というのがなんともおもしろかった。それは泥棒の行楽なのだろうか。まさか、茸とりに集まってくるひとから何かを失敬しようとして張っていたのではあるまい。谷の奥へ骨休めに遊びに行っていたら、僕たち一行のようなカモが姿を現した。そこで仕事に目覚めて、ひと働きをしたというなりゆきを思ってみると、なにか奇妙に味わいのある事件だった。そう思えるのは、盗られたのが現金だけで、カードを残しておいてくれたので、余裕が生じたせいかもしれない。

しかし、この盗難事件をここに書いたのは、それをおもしろがったためではない。もうひとつ、この川のことを語りたいがためである。

僕は、この盗難事件を思いだして、きょう行った場所を初めてはっきり認識したのだった。一関の二人はもちろん事前に話してくれたのだったが、あの細い流れが網の目のように広がっているのが、いつも行く川の最上流とは、聞いた後でも二つが結びつかなかった。じつは、書いているいまも、頭ではそうと知っても、実感として山襞に深く隠されている川と、その最上流部の細い流れが結びつかない。川は、流れる場所と、その場所がつくる表情によって、そんなにも違う。たとえ、流れている水は、水源を同じくする同じ水であるとしても。

さて、上流部へ行く道はその後に何度か崖崩れがあったらしい。現在は林道が閉鎖されてひさしく、昔車の通った林道は一本の山道と化し、両側は背の高いススキが迫っていた。

その道を歩いて、上流部へ行こう。いつもそこで川からあがる橋のずっと上、川が二叉に分かれ、左叉の二つの滝が現れるところまで。

僕たちは上流をめざして山道を一時間以上かけて歩いた。歩きながら山々の頂きに目をやると、黄色く色づきはじめた木がポツンポツンと見えた。しかし、山道の周囲はまだ重苦しい夏の緑だった。谷の下のほうに、たえず瀬音が聞こえていた。歩くのにつれて、その音が急に大きくなったり、また遠のいたりした。

山田さんの合図で、急な斜面を木の枝につかまり、足もとをさぐるように下りた。下り立ってみると、思いのほか河原はひろく、瀬の連続だったけれど水量もあった。

「これでも、橋よりはだいぶ上、川はすぐに二叉に分かれるあたりですよ」

と山田さんがいった。

第一投で、瀬のまんなかから中型のイワナが出た。薄茶色の肌、斑点が小さく、ところどころにまじる橙色の点があざやかだった。僕が手もとのイワナをまじまじと見ていると、上からのぞきこんだ吉田さんがいった。

「まあ平均サイズだね。このへんは八対二ぐらいでイワナなんですよ」

二五センチ前後のイワナが、気前よく、つぎつぎにかかってきた。僕はつくづくその姿に見とれた。

源流部に棲むイワナに共通するように、腹部が黄色い。ただ、ここのイワナはその黄色、というより黄金色が腹から体側までつづいていて、全身が黄金色に輝いている。まさに実りの秋の色だ。

とりわけみごとな一匹を手にしたとき、僕は近くにいる二人の友を呼ばずにはいられなかった。二人は魚をのぞき見て、「うん、きれいだね」とおうようにうなずくだけ。ふだんから美人のなかに暮らして、いかにも馴れているという感じなのだ。

十時近くになって、石の大きい河原に座って、朝飯にした。その朝食どきの会話。

吉田さん「八月の終り頃、山ちゃんとここに来たとき、いや、もうちょっと下流だったかな。山ちゃんにも私にも、入ったとたんにバタバタときて、あっというまに、各々十四ほど釣れた。そしたら、山ちゃんがいうんだ。こりゃ釣れすぎだ、もう帰ろうといって、一時間ほどで川からあがってしまったんですよ。ほんとに帰るんだから、ちょっと驚いたけどね。なにしろ一時間以上歩いてここまで来たんだから」

僕（山ちゃんに向って）「一時間に何匹釣れたら釣れすぎ、ということになるの？」

山ちゃん、その質問には答えず、ボソリと一言。「釣れすぎてはおもしろくないから、帰るしかないね」

僕は心配になった。すでに十匹以上は釣っている。朝飯がすんだら、山ちゃんは、「さあ、もう帰ろう」といいだすのではないか。しかし、不美人国からやってきた僕に、山ちゃんはそれほど不人情ではなかった。飯のあとも、黙って上流に向かった。

ふたたび、ひっきりなしにイワナが釣れた。三〇センチ超は出ず、中型小型のイワナが主として瀬から出た。急流にいる魚が出るときは、釣りのスピードが速くなる。といっても淵からは出なかったというのではなく、大小の淵のかけあがりに、大きめのイワナがしっかり定位していて、ためらいもなくフライをくわえた。

あい変わらず、お祭りみたいにイワナがよく出る。山田さんはそれを見きわめると、ロッドをケースの中にしまい込み、いつもの竹籠にくくりつけ、谷の斜面を駆けまわりはじめた。マイタケのようすを見に行っているに違いない。しばらく姿が見えないと思っていると、不意に頭上の崖の上に現れ、僕が魚を取りこんでいるのを見たりすると、破顔して白い歯を見せた。山田さんの年齢を考えれば、信じられないような身軽な動きだった。しかし、この日マイタケはとれなかった。かわりに倒木の下にびっしりとついたナメコを見つけた。時期的にずいぶん早いナメコだったけれど、そういうのがあるのを初めて知った。

右叉に入り、通らずの地点で林道にのぼり、左叉に入り直した。左叉の流程は長く、釣れる魚が多すぎるという稀にみる経験をして、目標地点の三分の一ぐらいのところで川からあがった。

秋の透明感を感じさせる光の中で、瀬はきらきらと光りながら流れ、そこからイワナがとぼけたような、精悍なような顔を現した。流れが頬笑んでいるというより、キャッキャッと子供のような笑い声を立てていた。釣られてきたイワナはさすがに笑ってはいなかったけれど、魚たちは流れのたてる笑い声の中にいた。

翌日。同じ林道を一時間半歩いた。左叉の、きのうやめたところを入渓点にして、その上を釣るためだった。きのうはあれだけ釣れたのだから、上はさらに魚影は濃密なはずだ。この日は山田さんに仕事があり、吉田さんと二人でやや遅く十時頃、谷に入った。

ところが、どうにも説明がつかないことが起こった。正確にきのうやめた地点から釣り始めたのだったが、最初のうちこそきのうと同じようにイワナが出た。五〇〇メートルほど進むと、ようすがおかしくなった。ここで釣れなければどこで釣れるのだ、という好ポイントから魚が出なくなったのである。

さらに進むにつれて、好ポイントのみならず、すれた川を釣るときの、ややひねこびたポイントからも魚が出なくなった。むろん渓相も、水量も、気温も、きのうとほとんど変わらない。どうしたことか。歩きはじめる場所に、車はとまっていなかったのだから、先行者がいるとは考えられない。

しかたがないから、きのうはカディス一本だったのを、アント、ブルーダン・パラシュート、CDCモーニング・ダンと、フライを替えに替えた。結果は同じ。たまにという感じで中小型のイワナが出るばかり、川はきのうの活気を完全に失っていた。

滝を越えて、やや狭くなった流れをさらに進んでみたが、魚の動きは思わしくなかった。がっかりしたというより、きのうときょうのあまりの相違にやや薄気味が悪くなった。

午後、日の高いうちに谷から山道にあがった。まだ穂が開いていないススキをかきわけて、疲れた脚をひきずるように歩いた。きのう目に新鮮だった斜面を埋めるウメバチソウの可憐な花が、きょうは黙りこくっているように見えた。

一日目と二日目の、ガラッと違う流れに、どう対応したらいいかわからず、ただ茫然とするしかなかった。しかし、解決のできないこの謎のせいで、この秋の日の釣りがかえって記憶に残ったようだった。

二日間で、魚以外に見た生きもの。

二度、ダイヴィングを見せてくれた、かなり大きなヤマセミ。小型のイワナらしき魚をしっかり嘴《くちばし》にはさんでいた。アカヘビ。とことこと、岩場の奥にもぐっていったアナグマ。そして帰り道に、突然谷川の斜面からとびだしてきた大きなカモシカ。茶色と灰色の毛が午後の光のなかで一瞬まぶしくきらめいたのだった。

4　なんという移り気の流れ

事情あって二年ほど一関の二人と釣りができなかったから、いちばん最近あの川へ行ったのは去年（二〇〇八年）の七月末ということになる。季節が進んでいることもあって、この日は最初から一時間歩くコースをとった。

この川の上流部ほど、真夏に入るにふさわしい川はない。静寂のせいで山深くにいるという感じがありながら、谷は明るくひらけている。去年の一日目のようでありますように！　口の中でそう呪文をとなえながら上流の核心部の流れに下りたったのに、魚たちはフライに反応しなかった。釣れない。

よし、こうなったらどこまでも奥へ行くんだ。一つ目の大きな滝を越え、さらに一キロ先の二つ目の低い滝を越えた。さすがに水量は減ったが、釣りができないというほどではない。しかし、釣れなかった。先行者がいるとは思わなかった。誰かけしからん釣りびとが入って、根こそぎ持っていったのか。そうも思われなかった。下流部も中流部もかなり広い流れだから、根こそぎ持っていくなんてできそうにない。

川は頬笑みもせず、笑い声もたてなかった。僕たちはただロッドをふりながら最源流部まで進み、去年の秋の二日がそうであったように、まだ日の高いうちに撤退した。夏のさかりに、この上流部が釣れなければ、いったいどこへ行ったらいいのだろう。汗にまみれて山道を戻りながら、しきりにそんなことを思った。

吉田さんの家で、夜の慰労会になった。

「釣れる日もあれば釣れない日もあるさ。仕方ないだろ」

アルコールが入ってやたら機嫌のいい山田さんがいった。

「やはり、人が多く入るようになったんかなあ」

と、吉田さんがもう少し現実的に応じた。

僕はおいしい夕食に満足すると、思っていることを口に出していってみた。

「いい川だなあ、抜群にいい川だなあ。だけど、ずいぶんと移り気な川でもある。とらえどころがない。手からスルッと抜けていく魚みたいに」

吉田さんと山田さんは、ヨソ者の感想をまあ聞きおくという感じで、ニコニコ笑いながらうなずいてみせた。

懐かしい川

1　早池峰の下で

前夜は大迫のステイ・ヒルに泊まった。

この小さなホテルができた二十数年前は、このへんは稗貫《ひえぬき》郡大迫町（現在は花巻市）だった。稗貫郡は合併などで郡名が消失してしまい、稗貫川という、早池峰山《はやちねさん》から流れ出す川の名前にだけ「稗貫」が残っている。七年ほど前からそうなってしまった。その頃から僕はこの川の上流部のもう一つの呼び名である岳川《だけかわ》というのをやめて、上流だろうが下流だろうが、「稗貫」で通すことにした。昔からの趣きのある土地の名が、一筋の流れのうえにだけ残ったのである。

一九九三年にステイ・ヒルができたときは、小さくて瀟洒《しょうしゃ》、この田舎町にこんなホテルができたのか、と驚いた。友人たちが大迫町や紫波町にいることもあって、以来、ここが絶好の基地になった。今はだいぶくたびれてきて、釣りのときに厄介になる下宿屋みたいな風情になったけれど、あいかわらず居心地はいい。

食堂でしっかり朝食を食べ、玄関で待っていると、宇田清さんを乗せた高橋啓司さんの車が八時きっかりにやってきた。こうして、また谷に遊ぶ二日間が始まる。もう何十回、同じことをやっているはずだが、川に出る朝に胸が晴れやかにときめくのはいつも変わらない。カメラの松岡芳英さんと鈴木幸成編集長の車も玄関前の駐車場で合流した。さあ、出発だ。

高曇り。しかし、いまにも薄い雲を割って日が差してきそう。きょうは六月十一日（二〇一二年）で、まだそんなに暑くない。できれば、明るく晴れたほうが気分にはずみがつく。

この流れも盛期を迎えつつある。ためらわずに、中流域の核心部に入ろう。稗貫川がホーム・グラウンドである宇田さんと啓ちゃんが、昨晩の打ち合せでそう提案したのだ。二人の提案に反対する理由はなかった。このところ中流域にはちょっと遠ざかっていたけれど、僕にとっても十分なじみ深い流れだ。二人は、僕がいま思っているように、本流の大ヤマメが出ることを、口にはせずに期待していたはずだ。

対岸に養魚場のあるあたりから流れに入った。

このあたり、流れは太く、早い。大きな岩が川の中にも岸辺にもあって、流れが岩にみちびかれて複雑に変化している。魚はどこにでもいそうだけれど、しかしそういう流れにかぎって、ほんとうに魚がいる場所を探り当てるのは必ずしも容易ではない。

早く、強い流れから、魚は出なかった。水温は六度。けっこう冷たい。岸寄りの岩陰のとまっている水にブラウン・パラシュートを落してしばらく白いインジケーターが揺れるのを見ていると、小さな魚影が水中に動いた。フライをピック・アップし、もう一度溜りの中へ。こんどはスッと魚影が寄ってきて、食いついた。

二〇センチのイワナ。ひきが強いはずのここのイワナも、なぜか元気がなく、UDAバンブー・ロッドの七フィートがあまりたわまない。振り向くと、啓ちゃんがもう少し大きいイワナを手にしているところだった。

三人で少しずつ前に進む。あまりロッドを出さない宇田さんが、僕の目をとらえて、首をかしげている。ゆるい流れから二二、三センチのイワナを引きずり出しているのに、不満なのだ。たまに現れる、長くて広い流れ、つまり絶好のポイントから魚が出ないからだろう。

僕も流れの強さと冷たさを知って、さてどうしたものかと思う。両岸の若い浅緑に目をやり、深呼吸していることが多くなった。

宇田さんが寄ってきて、

「水温が低すぎるね。イワナだけの、上流の細い流れのほうがよさそう」

その言葉に、僕はうなずき、前方の啓ちゃんを呼んだ。上流へ行こう、岳集落より上の、小さくなった流れを釣りに。

流れが少し軽くなったようだった。

キャンプ場から上流部に入ると、川が少しだけ細くなり、少しだけ穏やかになる。早池峰山の大迫側の登山口にあたる岳集落を過ぎたあたりから、渓相が微妙に変化するのだ。

岳集落は、昔は宿坊がかたまっていたのだろうが、いまはどことなく物寂れている。しかし、早池峰神社が少し奥まったところにある、集落のさびしげな雰囲気を僕は好んでいた。ずっと昔ここで見た早池峰神楽の特別公開は、いかにも山岳信仰のありようを伝える勇壮な踊りだった。

キャンプ場の少し上から谷に入って、水がすごく減ったわけではない。中流部同様にけっこう多いのだけれど、ほんのわずかな減水によって、流れは安定感を取り戻しつつあるように見えた。山岳渓流の不思議である。

両岸の林は、ブナ、コナラ、ミズナラの新緑がいっそうみずみずしい。若い緑はこの時期にしかない明るい輝きがある。その明るい緑に水が包まれ、僕自身も、ロッドもラインも、僕の一投も、すべてが包まれている。水中のイワナがフライを追って動くのが予感できるような気がした。

まず、小さな側流から、一つ二つと、中型のイワナがきた。さっきの中流域のイワナより少し大きいぐらいなのに、引きが強く、動きが鋭い。この上流部でのほうが、活性が高いのだ。イワナ釣りでは、わりとよくあることだ。季節にもよるけれど。

雲のあいだから日が差し、その光に誘われるようにして羽虫が飛びはじめた。群飛とまではいかないけれど、流れの上がにぎやかになりつつある。はっきりと多いのはクロマダラカゲロウ。しかし、僕には十六番のエルクヘアー・カディスを替えるつもりはなかった。

落ち込みにつづく長い平らな流れから、魚が出はじめた。谷に入ったばかりでは瀬のいちばん尻にいたが、進むにつれてそれとわかる流れの中心から、その場所にふさわしい大ぶりのイワナが出た。

明るい、ひらけた流れの末に陣取って、この谷では精一杯の長いキャスティングをこころみた。水のひろがりのなかに、一筋、二筋とゆるい流れができていて、フライがそのうちの一筋に乗って、少しためらうように左右に揺れながら流れる。蛍光グリーンのインジケーターをつけたエルクヘアー・カディスがすっと吸い込まれるように消えた。合わせると魚の重さがロッドを曲げるのが肘に伝わってきた。数秒それがつづき、やがてリーダーが軽やかに明るい流れを切った。僕はゆっくりと大きなイワナを岩陰に立つ足もとに寄せた。ここぞと思う流れに、思いをこらした一投。そして、大イワナが息を殺して、足もとの水のなかにいる。僕は冷たい魚体を手にとり、鉤を外した。

きょうはこれで十分。実際、上流のほうを推しはかるように見ている宇田さんの横に立って、そのセリフを口に出してつぶやいてもみた。宇田さんは谷の上の狭い青空を見上げながら、

「まだ早いんだから、もう少し詰めてみましょう」

といって穏やかに笑った。

岳集落より上の、稗貫川上流部の流程はけっこう長い。一気に通して歩いたことはないけれど、

ロッドを振れる場所にはほぼ洩れなく立っている。そのことを思いながら、この日はゆったりとした気分で少しずつ流れをさかのぼっていった。風景のなかに打たれた句読点みたいに、水から姿を現すイワナを釣りながら。

最上流で信じがたいように魚が出たのは、七、八年前の八月の終り頃だった。谷から水が消えて数百メートル伏流となっている。堰堤の上で流れが回復するのだが、その地点より二キロほど上の、庭園のように整った林のなかを水が戯れながら流れている、静かな場所だった。

高度はかなり上っているはずだ。左側前方に、早池峰の頂上から下りてくる稜線と、稜線を支えている急斜面の壁が立ちはだかっているのが見えた。

その風景のなかの、その流れにいて釣りをするのを格別に幸福だと思った。あらゆる流れ——こんなところにと思われるような細流からも、肉の厚い中型のイワナが出てきた。流れのなかにいることが、こんなにも森や水と戯れていると感じられるのは、めったにないと僕は思いつづけていた。

時折、流れや手にしたイワナから目をあげ、ここに連れてきてくれた啓ちゃんと笑顔を交わした。僕の脳裡にしまいこんである、あの夏の日のなかの夏の日。

稗貫のこの最上流部では、もう一つ忘れることができない場面がある。五年前のことで、あのときも同じメンバーでの釣りだった。

「とにかく黙ってついてきて」と、宇田さんと啓ちゃんはわけありげにうなずきあい、車道から細い流れ（の跡）を急降下して河原に下りた。真夏で、流れが頼りないぐらい薄い。それでも、少し厚みのある流れを選んでフライを入れると、大型のイワナが猛然とそれに襲いかかった。襲いかかるという言葉が大げさではないような勢いだった。

釣りあげた僕が茫然としていると、宇田さんは涼しい声で、「もっと先にいきましょ」などと前進をうながす。数匹の大イワナを手にした後、小さな堰堤の下に出た。夏の渇水のいまにしては、まあ水がある。水溜りの大きさは幅一五メートル、堰堤の壁まで奥行五メートル。その少し下流に立って、宇田さんがいった。

「この溜りに、尺が折り重なるようにいますからね。一人、二、三本ずつは釣れるはず。釣ったらなるべく下流の流れに放しましょうか」

信じがたいような話だったけれど、その通りになった。

下流にある次の堰堤までは一キロはない。そこまでの流れのイワナが、何かのつごうでこの大きくはない水溜りに全部集まってきたのだろうか。説明がつかない。つかないけれど、大イワナがそこにたまっていた。

宇田さんと啓ちゃんが三匹ずつ、僕が二匹釣ったところで、イワナはフライに出なくなった。あれだけ小さな水中と水面を騒がしたのだから、まあ当然。また、尺イワナがどんなに「簡単に」釣れたかは、書いても退屈なだけだろうから省略。一つだけいうと、宇田さんの釣った一匹は四〇センチに一センチほど足りなかった。

どうして、この小さな場所に大イワナが「折り重なるように」いるのだろう。まだ、底の岩陰に出たり入ったりしている水中の魚を目で追いながら、宇田さんと語りあった。胸中の興奮をしずめようとしたのだ。

宇田さんと話をしている僕の目の端に、右手の水辺の平らの岩に腹這いになった啓ちゃんがいる。ロッドを水中に突っ込んで、ゴソゴソやっているのだ。何か落としたのかしら。

啓ちゃんが、ウォッという奇声を発し、まず水中からロッドを抜いて高くあげ、同時に腹這いから身を起こした。「かかった！」と叫び、顔面が赤い。しばらくして水辺のネットに収まったイワナは四〇センチを一センチ越えていた。

聞いてみると、彼は竿のトップ・ガイドから、一〇センチほどティペットを出し、その先端に十六番のウエット・フライを結びつけた。ロッドを水中に突っ込み、岩陰の下に不機嫌に沈んでいるイワナの鼻先で、ウエットをひらひらさせた。イワナが（しかたなく）食いついた、ということだった。

啓ちゃんが、太い、丸太みたいなイワナを水に戻したあと、宇田さんと僕はささやきあった。

「これでも、いちおう、釣り、になるのかしら」

「突きではないようだし、鉤にかけたものだし」

「まあ、魚イジメかねえ」

「日頃あれだけイジメてるんだから、いまさらイジメとはいえないしなあ」

――あの日も、夏の終りだった。

話を戻そう。いまは、六月の谷、午後一時をまわったところ。下界に戻って、どこかで昼飯にしようということになった。

2　夕暮れのざわめき

稗貫川の岳集落の上流部で、少しずつ場所を変えながら遊んでいるうちに、昼がとうに過ぎてしまった。きょうは午後には別の川へ移動する可能性もなくはなかったから、昼飯を持参していなかった。同行の宇田さん、啓ちゃんと相談して、午後も稗貫の中・下流部をやることに決まり。昼食はダムを見晴らす位置にある湖畔亭でとることにした。

滞在先の大迫から釣り場が遠かろうが近かろうが、たいていはコンビニで昼飯用のおにぎりなどを買って、川のほとりでせいぜい味噌汁などをつくって食べるというのが、いつもの習わしである。レストランに立ち寄るなんて年に一度あるかなしだ。

顔見知りの店のひとに断わって、ウェーダー姿のままを許してもらった。そして総勢五人、なるべく隅にあるテーブルについて、きちんと調理されたスパゲッティなどを頬ばった。

昔は、どんなことがあっても川べりにおにぎりを持参し、流れを見ながらそそくさと昼飯をすませた。それがきょうは展望レストランとはね。これは余裕？　それともたんなる堕落？　さてどっちなんだろう。僕は何かが衰えているのではないかと、口には出さずにトマトソースのスパゲッティを食べながら、思った。だからダメ、というわけじゃない。ただ時が流れた。

昼食の後は、ダムの上流部で、けさ入ったところよりかなり下流の一画に入ってみた。野性的な稗貫川の流れが、昔通りに残されている。しかし当然のことながら、けさと同じように水量は多く、水温は低い。渡渉に難渋しながら、一つ二つと、イワナを拾うように釣っていった。

以前はこのへんでもヤマメが出た。季節にもよるのだろうが、いまはイワナ一色の気配。

そういえば昼食のとき、啓ちゃんがなにかのはずみでいい出した。ヤマメとイワナが混棲している流れが、なぜか知らないけれど昔にくらべて少なくなった、と。たしかにそうだ。秋田の川などでよく見かけるのは、どうみても本来はイワナの流れだったのが、放流のヤマメによってイワナがずっと上流へ追いやられ、ヤマメ一色と思われるようになった渓流である。ヤマメはみごとに野生化して美しく、それじたいに文句をいいたいわけじゃないのではあるが。

稗貫は必ずしもそんなふうになってはいない。いまだ混棲している部分がある。しかし、中流域に巨大なダムができてから、魚の棲息状況はかんたんにつかめないほど複雑になっているのではないか。

午後遅く、ダムより下流域まで下りていって、以前入ったことのある区画をあらためて確かめるようにして、釣りをするというより流れを見るのが目的というみたいに、そこかしこ、移動した。

試すようにロッドを振りながら流れを見ていると、いくつかの光景が不意に脳裡によみがえったりした。なかでは、たつた一度だけ体験した光景というのもあった。

あれは、左岸側に流れこんでいる支流、小又川の合流点近くだったと記憶している。もう二十年以上も前のことだ。

日付は忘れた。晩夏の夕暮れどき、小又川が本流に注ぎこんでいる地点より少し下流で、ライズを待ちながら流れを見ていた。水面に何種類かのカゲロウが羽化して、頼りなげに飛んでいた。しかし、まだこれといった魚のライズはない。

そのとき、ゴォーッというような風の音を聞いたように思ったが、それは明らかに錯覚だった。不意打ちのように視野のなかに現れたものを、音があるように錯覚したのだ。

上流から、二メートル四方はあろうかと思われる黒い帯が、水面よりだいぶ上のところに動いていた。黒い帯がカゲロウの密集でできていることに気がついたのは、一分か二分、時が過ぎた後だった。

カゲロウの帯が、帯の形をくずさぬままに、一定の速さで流れていた。初めて見る、不思議な光景だっただけに、ただ茫然と眺めているしかなかった。

帯状の流れがどれぐらいの時間、あるいはどれぐらいの長さをもって続いていたのか、見当がつかない。本体が目の前を通り過ぎて下流のほうに去った後、流れの最後になって崩れた帯からこぼれている羽虫を、帽子をふりまわして採捕してみた。あまり大きくない、黒っぽい色あいのスピナーで、たぶんコカゲロウの仲間じゃないか、と思った。

大群飛が去った後に、なんとなくすることがなくなったような気分で、水面を見た。立ち去った帯状のカゲロウが、いくばくか水面に残ったわけではないだろう。ただ、暗さがましてきたせいかもしれない、流れの上にまつわるように飛ぶ羽虫が少しばかりふえ、魚のライズも、ポツンポツンと始まった。

大群飛を見た後では、なんだかわびしげな光景だと思ったが、イヴニング・ライズは取らなければならないというフライ・フィッシャーマンの習性にしたがって、ロッドを振った。

二五センチほどのヤマメがライト・ケイヒルのパラシュートにすなおに出てくれた。まるまると太った晩夏のヤマメを流れに戻しながら、祭りの後のさびしさのような感じが胸中にあった。いま目にした、カゲロウの大群飛の帯のせいに違いなかった。それまで見たことがない奇跡のような光景だった。

午後五時、三人は下流の平らな流れを前にしていた。静かに立っていると、対岸の岸すれすれに、ポコッという感じでライズがある。三人とも、まだそのライズに向かってフライを投じてはいない。夕暮れの時間はまだ十分にあるのだから、あわてることはないのだ。

また昔話、二十年以上も前のことになる。稗貫の右岸から入っている大支流、久出内川《ひさでないがわ》の合流点近くでの夏の夕暮れの釣りを僕は理由もなく思い出していた。そこは現在ではダムの上流になっているが、ダムのなかった頃は、流れこみあたりの本流のようすはいまとはまったく違っていた。

本流はそこで円形をつくるように広がっていて、とくに流れこみ付近では膝下のすねのあたりまでしか水がない。流れは、それでもゆっくりと動いている。

浅い流れからカゲロウが水面に現れ、次々に流れの上の宙に飛びたっていた。小ぶりの、灰白色のカゲロウだった。フライはブルーダンがいいだろうと判断した。白いカーフテイルの軸（ウイング）、灰色のボディ、ブルーダンのパラシュート・ハックル。十四番のそれが、フライ・ボックスにはたくさん入っていた。

いつのまにか、一種類ではないカゲロウのハッチに取り囲まれていた。水面から上昇してくるカゲロウが顔に当たるぐらいの、ゆたかなハッチだった。そして、立っている浅い流れの全周囲に、無数の小さなライズができた。一つのライズを目がける必要もなかった。小さな水の輪がたくさん重なっているほうにロッドを振り、ブルーダン・パラシュートを置くと、すぐに小さなヤマメがかかった。一五センチ、一八センチ、二〇センチ、そして一二センチ、小ヤマメが入れかわり立ちかわりやってきて、何のためらいもなくフライをくわえた。夕暮れの流れが生きものの動きでざわめきつづけた。いつ終るとも知れない、いのちのざわめきだった。

夕空に薄紅色の雲がたなびいていて、それでも空の藍色がしだいに濃くなっていった。僕は果てしなくかかってくるヤマメ釣りの手をとめて、空を見上げた。その空の色がいかにもヤマメ釣りにふさわしいと思ったのを憶えている。

宇田さんと啓ちゃんは少し離れたところでロッドを振らないで、こっちを見ていた。僕はもう表情がさだかに見えなくなった二人に近づいていった。

フライは何を使っているのか、と宇田さんが尋ねた。ブルーダン・パラシュート、と答えると、なるほどね、それはいま持っていないや、と宇田さんがいい、啓ちゃんとうなずきあった。

話を六月十一日の、きょうの夕暮れに戻そう。三人は、右岸側の岸辺すれすれの水のなかに立って、対岸にはりつき、ときにライズしてくるヤマメを狙った。

宇田さんも啓ちゃんも、とくに大声はあげなかったけれど、二五センチぐらいのまずまずの型をあげると、何となく気配でわかった。僕が顔を挙げて彼らのほうを見ると、ティペットをつまんで魚影を見せてくれた。

夕焼けがひろがっているわけではないが、明るくて静かな、いい夕暮れだった。三人、間隔をおいて並んでロッドを振りつづけている。そのことに心が満ち足りていた。

3　夏の雨の記憶

あすは、真木《まぎ》渓谷へ行こう。六月十一日の夕飯どきの相談でそう決まった。

岩手と秋田をへだてる真昼山地の薬師岳に発するこの川は、下流部が斉内川《さいないがわ》と呼ばれ、渓谷となった上流部を真木渓谷と呼ぶ。名前を聞くだけで懐かしい。十五年前から二十年前の数年間、通うように行った川だ。

渓流の入口にあたる真木集落の、川でいえば下流部のはずれにあたる広い流れで、東京から同行した友人と一緒にロッドを振っていると、突然の雨になった。西と北の空は明るいのに、頭上を通りすぎようとする黒雲のかたまりの仕業らしい。雨にはかなり勢いがある。

僕たちは土手にあがり、林道の近くにある物置小屋の庇《ひさし》の下に入った。うまいぐあいに、屋根が小屋の入口の空地にまでかかっていて、そこに座りこんだ。夏の銀色にひかる雨を見ながら友人とうなずきあった。雨やどりしながら昼飯にすることにした。

小屋のそばにあった水道の蛇口から水が出た。デイパックから小さなガス・ストーブをとり出し、湯をわかして味噌汁のカップにそそいだ。おにぎりと味噌汁を食べ終ると、もう一度湯をわかし、ドリップ・コーヒーをいれた。パルミジャーノ・チーズをかじりながら、コーヒーを飲み、飲みながら夏の雨の勢いが衰えていくのを眺めつづけた。

その銀色の雨に囲まれたひととき、ロッドを壁に立てかけてコーヒーを口にしているひととき、いまおそろしく充実した時のなかにいる、と思った。釣りをしているのではないのに、あのとき味わった充実感は何だったのだろう。

あすは斉内川へ行こうかと、高橋啓ちゃんが提案したとき、僕はあの雨の一刻を思いだした。もちろん、釣りでも思いだすたくさんの場面がある。「いこう、十年ぶりぐらいかもしれないけど」と、僕はすぐに賛成した。

啓ちゃんは六月初めに、真木渓谷の大支流・袖川沢《そでがわざわ》に入って、一投一尾というういい釣りをした。その情報があるのが大きい。銀の雨の記憶だけじゃない。僕も以前、太田町に住む友人と何度か袖川沢に入ったことがある。真木渓谷本流とはうって変わった穏やかな流れから、精悍な顔をしたイワナが飛び出してきた。


六月十二日、午前九時。袖川沢は減水していた。十日前に啓ちゃんが来たときは、少し水が多すぎるぐらいだったらしい。減水が、もともと落差のない静かな流れを、いっそう静かに感じさせる。

この真木渓谷の大支流は、薬師岳の山裾をまわりこむように北東に向かっているのだが、とりわけ下流部では、本流とは対照的に渓相が穏やかだ。

小石の多い河原が広く、谷が明るい。しばらく啓ちゃんが先頭に立って、流れを調べるようにブラック・アントを浮かべて進んだ。そして十五分ほど経ったところで、やっと中型のイワナが釣れた。ホッとした。

真木渓谷との合流点に駐車場があり、僕たちが着いたときに車が二台とまっていた。その車のようすを観察してどうやら釣りの車ではないと判断し、袖川沢に入ったのだったが、谷に入ってすぐの魚の出の悪さは、やっぱり先行者がいたのかと思わせもしたのである。

しかし、一匹釣れた後、僕と宇田さんで順番にフライを投ずると、まずはたてつづけに魚が出た。しぶい、警戒するような出方だったけれど、先行者はいない、と判断できた。

小さな溜り、中ぐらいの溜り、そして大きなトロ場が不規則に現れ、それをシャラシャラした薄い流れが結んでいる。薄い流れに魚は出ていず、僕たちは溜りを次々につぶすように釣っていった。少し大きな、岸の岩壁に身を寄せているような溜りからは、ときには二匹の魚が出た。

静かだった。谷沿いに林道がないのが、静寂をつくりだしているのかもしれない。静かな谷の明るく、軽い緑が春の名残りをつたえている。

北向きの一画には、雪のかたまりが残っていた。その大きな雪のかたまりを、木々の浅い緑が取り囲んでいる。緑のなかに、ホオノキの大きな純白の花がポツポツと浮かんでいた。それを見つけた後、僕はほかに白い木の花はないかと、流れを囲む森のなかを気にしながら歩いた。まだ咲いている、円錐型のトチノキの花を見つけ、満足した。見るだけで所有できない、また所有しようとも思わない、森の木の花。ただそこにあるだけなのがいい。

もちろん、釣りのよろこびもあった。

上流に進むにつれて、厚みのある、少し長い流れが現れはじめた。全部の流れからではなかったけれど、三〇センチ前後のイワナが出た。

強い引きだった。手元に寄せ、濡らした手で魚体をおさえた。アメマス系といっていいのだろう、斑点が大きくて白い。精悍で純潔、という言葉がふと頭に浮かぶ。北国の川の奥深いところで、イワナという生き物に出会っている感じだった。

昼をとうに過ぎたあとで、河原に腰を下ろして、それぞれが携えてきたおにぎりやサンドイッチをほおばり、ペットボトルのお茶を飲んだ。昼過ぎには戻るつもりで、デイパックをかついでこなかったのだ。

一人のときも仲間と一緒のときも、いつ、どのあたりで戻るのか、そのタイミングをはかるのが難しい。一人一人の満足感というのは、他から推し測れないものがあるから、みんなが見合うようにして、さあ戻ろうかと切り出しにくいのだ。

宇田さんと啓ちゃんが一緒だと、不思議に戻るタイミングが自然に決まる。長年の呼吸としかいいようがない。しかし、きょうはもっとはっきりしていた。河原に腰を下ろしたとき、みんなの動きがゆったりしていた。この谷のよさを、ひとまずは堪能したね。口にしなくても、それが伝わってきた。ここで戻ろう。僕たちはゆっくりと川通しで入渓点に向かった。三人とも下流で大ヤマメを狙う時間が欲しかったのだ。


それにしても、かつて何度か来た真木渓谷本流の上流部は荒涼としていたのを思いだす。魚はそこそこ釣れるのだけれど、谷の岩も水の流れも、どこかちぐはぐで、すさんでいた。

だから僕は、ずっと下った、真木集落あたりのたっぷりした流れが好きだった。風景が好きだったというだけではない。ときにはとびきりの大ヤマメに出会うことができた。かなり以前のことではあるけれど。

わずか十数軒かと思われる真木集落のはずれ、畑のなかの道を川に向かうと、高さ一・五メートルほどの石垣に鉄の梯子がかかっていて、広い砂利の河原に下りることができた。

目の前に、厚い、たっぷりとした流れがあり、わずかに蛇行している。夏の終りの、まだ日が高くある午後の一刻、僕は水ぎわから三メートルほど離れた小砂利の上に、片膝をついてかがみこんでいた。

鉄の梯子を下りる前に、ライズを見たように思った。いましゃがみこんでいる、七、八メートル上流、やや岸寄りの、かけあがりのあたりで。そしてもう一度、はっきりと、吸いこむようなライズがあった。

ブルーダン・パラシュートを、一〇メートルほど先の、流れのなかへ投げた。着水して白い目印が流れ、そのあたりに大ヤマメが飛んだ。

ほとんど水面と平行に五〇センチの高さで、大ヤマメの魚体が飛行しているように見えた。顔を上に向け、戻ろうとして顔を水に突っこんだのではない。背ビレがそのまま跳ね上って宙に浮いた。

僕はロッドを動かさず、ただ茫然と魚の跳躍を見ていた。ヤマメだ、ニジマスじゃない、と思ったところで、強い衝撃が竿先に伝わり、そして軽くなった。リーダーがふわっと浮かんだ。

それでおしまい。僕が見た、最も大きなヤマメのひとつに違いないその魚を、別の日、別の時刻で追ってはみたが、三〇センチに少し欠けるヤマメを手にしたものの、その魚は二度と現れなかった。

　宇田さんと啓ちゃんは、やはり大ヤマメを狙って、真木集落に遠くない流れに通ったことがあるらしい。堰堤下のたっぷりした流れに半分流されながら、この川にしかいない銀色にかがやくヤマメを手にしたことを、少し興奮しながら二人は語りあった。しかしそれは、十五年ほど前のことだったという。僕と二人の友人は、別々に同じ川にいたことがあったのかもしれない。

　それぞれが昔の川の記憶に動かされながら、いま、真木渓谷の下流部でロッドを振っている。魚の反応はめったにない。釣れてくるのは、小さなヤマメと小さなイワナだ。昔のヤマメの姿は、まぼろしのように脳裡で飛んでいるだけだ。

　しかし、それでもいいのだ。あたりの景色はとくに手を加えられたようではなく、昔のままだ。昔のままの流れのほとりに立って、ロッドを振る。小イワナがかかり、自分の記憶を笑うような微笑が口もとに浮ぶのを意識する。

　最後に、下流部が終る大堰堤の下に行った。堰堤はけっして好きではないが、川に設けられたこの壁は釣りの旅の終りにふさわしいのかもしれない。僕たち三人は、そのことを確認したようなすっきりした表情で、林道への踏み跡を登った。

Ⅲ　渓流図書館

欧米には、釣りにまつわる、すぐれた文章が多い。それらを紹介すべく、「渓流図書館」と銘打ってまとめてみた。ヘミングウェイのよく知られた短篇は、フライ・ロッドを使ってはいるけれど、バッタの餌釣りで、これはむしろ例外。フライ・フィッシングの文章が圧倒的に多い。そして、ヘミングウェイやダレルの場合のように、小説のなかで渓流釣りが描かれることが多いのである。もちろん名エッセイも読みごたえがあるけれども。なお取り上げたのは翻訳があるものに限った。

セルビアの白鷺

ロレンス・ダレル／山崎勉訳（晶文社）

『アレクサンドリア四重奏』の大作家、ロレンス・ダレルの一風変わったスパイ小説は、陰のテーマがなんとフライ・フィッシングなのである。

主人公のメシュインは、ＳＯｑと呼ばれるイギリスの情報組織のメンバーで、年齢は四十代前半、大佐である。ベテランの情報部員（スパイ）だ。

時代は第二次大戦終了後まもない、一九四〇年代後半。アジアでの一仕事をおえ、ロンドンに戻ってきたばかりのメシュインに、新しい任務が押しつけられる。ユーゴスラビア人民共和国（旧）の内偵である。

メシュインはこの任務を拒否することができたのだが、一つの思いが彼にユーゴスラビア行きを決意させる。大戦前、彼は南セルビアの山地の川で二年間も釣りをしていたことがあった。あのすばらしい川と鱒たち。任務はまさに南セルビアの山地へ行くことだったから、フライ・ロッドを持って潜入し、もう一度あの鱒たちと出会いたい。そう、メシュインはフライ・フィッシング狂の情報部員なのである。

ここでちょっと現代世界史の復習。世界の火薬庫といわれるほど政情不安定なバルカン半島に、ユーゴスラビア王国ができたのは二十世紀前半。やがてナチス・ドイツの侵攻によって王国は崩壊したが、第二次大戦後、一九四六年に共産党書記長チトーを首相（のち大統領）とするユーゴスラビア連邦人民共和国が誕生した。

ついでにいうと、八〇年に独裁者チトーが死ぬと、多民族国家であるユーゴは烈しい内戦状態がつづき、二〇〇六年、セルビアほかいくつかの国にわかれて連邦国家は完全に解体した。

話を小説に戻そう。チトーの独自の共産主義によって、人民共和国が生まれたばかりの時代の南セルビアが舞台である。人口もまばらな山地で何かが起きている。政権と対立する王党派の残党がしきりに地下活動を行ない、それを封じるために国家警察と軍隊がひそかに動員されている。この抗争は何なのか、その真相を探れというのが、メシュインに課せられた任務だった。

セルビア語に堪能なメシュインは、セルビア人の釣り師になりすまし、消音装置つきのピストル、寝袋、そしてフライ・ロッドと愛読するソローの『ウォールデン（森の生活）』を持って、かつて遊んだことのある渓谷に入ってゆく。

つまり『セルビアの白鷲』は、スパイ活動に（定石である女性ではなく）フライ・フィッシングというとんでもないものを絡ませた、まことにユニークな冒険小説なのだ。

メシュインのフライ・ロッドはしかし直ちに神通力を発揮する。首都ベオグラードのイギリス大使館はメシュインの活動基地であるはずなのだが、そこの大使であるジョン卿は、外務省生えぬきの人物らしく、情報部の活動を嫌っていて、メシュインの山地潜入にも絶対反対。しかし、メシュインが渓流で鱒釣りをするのだというと、ころりと態度が変わる。自分も政情が許せば南セルビアでフライ・フィッシングをしたいのだがといい、大使と情報部員は一時間以上、フライ・フィッシング談義に熱中する。大使は「オリーブ・ダンが効くはずだが」と主張し、情報部員は「自分の体験ではダメだった」と否定するというぐあい。

ジョン卿は、「必ず戻ってきて川の様子を報告するよう」メシュインに約束させ、自分が巻いたフライが詰まっている美しいフライ・ボックスを餞別としてメシュインに手渡した。

ユーゴでの鱒釣りといえば、昔、田渕義雄氏が書いたガツカ川でのフライ・フィッシングのエッセイを読んだことがある。ガツカはクロアチア地方の高原を流れるチョーク・ストリーム。われわれのメシュインがいるのはそことは方角違いの南セルビアのけわしい山地の渓谷で、ストゥデニツァ川の源流部。つまり山岳渓流だ。

以前そこで寝泊りしたことがある洞窟に荷物を置き、メシュインはさっそく流れのほとりに出た。

《その静けさを破るものとては、イベル川の石の切通しを走る汽車の遠い汽笛か、あるいは、下の方の畑でとうもろこしがゆれるかさこそという音だけであった。ストゥデニツァ川のざわめきも、水が渦を巻きながら流れこんでいく苔のむした淵によって沈黙させられていた。メシュインは、淵の水面に点在する小さな昆虫に向かって、魚がゆっくりと浮かびあがってくるのを見た。》

イヴニング・ライズ。放っておけるわけがない。フライを流れに浮かべ、たちまち一匹の美しい鱒を釣りあげる。それを洞窟に持ち帰って鉄板の上で焼き、近くに生えていたカミンを魚にふりかけて食べる。

鱒(ネイティブ・ブラウンに違いない)はペイル・オリーブ・ダンには興味を示さないが、ウィングド・スタンダードには面白いほどよく食いついた。メシュインはそんなふうに二日ほど釣りを楽しんだが、やがて森の中で得体の知れない人びとの動きがあり、王党派と秘密警察の殺しあいの抗争に巻きこまれてゆく。

王党派が近くの山中で旧国立銀行が隠した財宝を発見した。これをアドリア海まで運び出そうとする王党派と、阻止しようとする警察と軍隊。それが山中の激烈な闘争の真相だった。そのことをつきとめたなりゆきは小説を読んでいただくとして、メシュインはかろうじて戦いの場から脱出、ベオグラードのイギリス大使館に生還する。

しかし、大事なフライ・ロッドを川べりに放置してきたことに心が残る。それを知ったジョン卿が愛用のロッドをメシュインに贈る。そのロッドが、マクベイ製のすばらしいグリーンハート(緑心木)の釣り竿だった、とある。一九四〇年代後半に、まだグリーンハートのロッドなどを使っていたのか? それがこの楽しい小説の解けない謎であった。

大きな二つの心臓の川

アーネスト・ヘミングウェイ／谷阿休訳（『ヘミングウェイ釣文学全集』所収・朔風社）

「大きな二つの心臓の川」はアメリカのフライ・フィッシャーマンにとっては「聖典」といっていい。舞台となった川は「聖地」であり、今でも聖地巡礼をする釣りびとが跡を絶たない。その川は、北ミシガンにあるフォックス川だ。タイトルになっている「Two-Hearted River」は同じ北ミシガンにある別の川で、作者はその名前が気に入ったらしくフォックス川にかぶせて使ったのだ。

ヘミングウェイは一九二五年二十五歳のときこの短篇小説を書いた（翌年刊行の最初の短篇集『われらの時代』に収録）。つまり、一九二〇年頃にヘミングウェイがさかんにやっていたキャンプ釣行が、小説として語られているわけだ。

「大きな二つの心臓の川」は二部に分かれている。I部は、ニックという青年（作者の分身といってよい）が、シニーという小駅に到着してから、川辺にテントを張って寝るまで。II部は、翌日のニックの釣り。どちらもニックの動きが、順序を追って克明に描かれている。簡潔な文章からニックの行動のリズムが伝わってくるのが実にここちよい。

ここでも順を追ってニックの動きを紹介してゆこう（引用するテキストは、谷阿休訳『ヘミングウェイ釣文学全集』朔風社刊に所収のもの）。まずI部から――。

ニックは大荷物とともに汽車を降りた。小さなシニーの町と、あたり一帯は近年大火事にあい、焼け野原になっている。それを承知でニックはひとりで川をめざしてやってきた。線路を下り、橋の上に立って川を見た。流れの中に鱒がいた。時折、すっと位置を変え、また元に戻る。

釣り師が川と魚を見る見方で流れを見る。わくわくするような出だしだ。《鱒が動いたとき、ニックの心臓はぎゅっと引き締った。昔の感情が何もかも甦ってきた》という一行がある。釣り師が、長い不在のあとで、昔遊んだ川にたった一人で戻ってきたのだ。

ニックは、予定している上流のキャンプ地に向って歩いた。ザックにテントや毛布を縛りつけた重い荷をかついで。ゆるやかにつづく丘をすすみ、途中休息をとって松の根元で少しだけ眠った。

夕暮れに、テント設営地にたどりついた。小高く盛りあがった草地で、そのはずれに川があった。鱒たちがさかんにライズしているのが見えた。ニックはしかし竿を出さない。テントを張り、焚火をし、夕食をつくった。

火にかけて熱したフライパンに、ポーク・アンド・ビーンズの缶詰とスパゲッティの缶詰をあけて一緒に入れた。ぐつぐつと煮立ったスパゲッティを錫《すず》びきの皿に移し、少し冷めるのを待った。スプーンで山盛にすくって口に入れた。「凄い！　こいつは凄い！」とニックは幸福そうに独り言をいう。

川辺に下り、キャンバス布のバケツで水を汲んできて湯を沸かし、コーヒーをいれた。昔の釣り仲間のホプキンズの流儀でコーヒーをつくった。ホプキンズのことを少しだけ思い出し、しかし自分の心がそれ以上動き出さないことを願いながら、コーヒーを飲んだ。テントに入り、横になった。横向きになって目を閉じると、すぐに眠りが来た。

こうして、I部、最初の日が終る。歩き、テントを張り、夕食をつくって食べる。そういうニックの動きをひととおり追ってみたのだが、小説はその動きをひとつひとつ克明に描写している。どんなふうにテントを張り、内部に毛布を敷いたか等々、目に見えるように詳しく語られるのだ。僕たちがニックと一緒にそれをやっているような臨場感がある。

行動は詳しく描かれるが、心は語られない。ニックは何か大きな傷を内側にもっていて、「心が動かないこと」を望み、つとめている。だから、歩いて、疲れて、食べて、眠る。そこには目に見えない緊張がある。

翌朝、ニックの目覚めからはじまるII部で、ようやく釣りの場面が語られる。

ニックは流れを見て心がはやるけれど、朝食をとらないわけにいかないのを知っている。まず火をおこし、湯を沸かす。

湯が沸くあいだ、草地に行ってバッタをとる。夜露に濡れたまままうまく跳べないバッタをつかまえて、用意してきた壜に五十四ほど入れ、松の枝で壜の口に栓をする。このバッタが鱒釣りの餌になるのだ。

朝食には蕎麦粉《そばこ》のパンケーキをつくった。アップル・バターを塗った大小二枚のパンケーキを食べ、ミルク入りのコーヒーを飲んだ。残り一枚のパンケーキと、オニオン・スライスのサンドイッチ二枚をつくり、油紙に包んで胸ポケットに入れた。昼食の弁当だ。

皮ケースの中からフライ竿を取り出し、継いだ。リールからダブル・テーパーのライン（当然、シルクラインだろう）を引き出してガイドに通し、ラインの先端に、水分をふくませて柔らかくしておいたてぐすのリーダーを結んだ。さらにその先に鉤を結んで準備完了。

道具も一九二〇年代を髣髴《ほうふつ》とさせるし、ニックの出立ちもそうだ。首からバッタの入った壜を吊るし、布製の粉袋を肩からタスキがけにぶらさげ、ベルトには手網《たも》。ズボンに皮靴。そういう出立ちで、ニックは流れの中に足を踏み入れた。釣りがはじまる。

壜の栓をあけると、バッタが頭を出す。それをつまんで鉤にしっかり刺す。バッタを水面に落とし、ラインをくり出して流れにバッタを乗せる。流れがバッタを水中に引き込むと、すぐに鱒が食いつく。そういう釣りだ。

最初は目の前の瀬で小さな鱒がかかった。ためらわずにリリース。数はいらない、大物を釣りたい、とニックは思う。下流に五〇ヤードほど移動すると、倒木の丸太が流れを堰きとめ、水が盛りあがっていた。その深みにバッタを送り込んだ。

《伸びるように、ぐーんと引きが来た。ニックは合わせた。やにわに竿が盲滅法折れ曲った。何か危険なものがあった。水面から弾け出てすでにぎりぎりにまで張っている糸に重い険悪な力がぐんぐんのしかかってきた。容赦はなかった。切れる寸前、ニックは反射的に糸を放出していた。》

鱒が跳躍し、リーダーが切られた。見たこともない怪物のような巨大な鱒、鮭と見まがうような体高をもつ魚だった。ニックは極度の緊張と興奮、そのあとに来た虚脱状態で少し気分が悪くなったほど。「鉤は、がっしりと、岩のようにがっしりとかかった。自分も岩になったような気がした」とニックは思う。相手と一体化したこの心の動きは、いかにも釣り師のものだ。煙草を吸い、気持を落ち着かせたあと、ニックはさらに釣り下っていく。深い流れから三匹の大物をさそい出し、そのうち二匹を釣りあげ、粉袋にキープした。そこで丸太の上にのぼって、休憩。

流れは、その先で暗い湿地林の中に入っていっている。今はあの厄介な場所で釣りをしたくない、とニックは思う。そしてキャンプ地に向って引きあげるところで小説は終る。

選びぬかれた言葉でつづられる、正確で生き生きとした描写。それがもたらす、有無をいわさない臨場感。僕たちはニックのキャンプと釣りをすっかり一緒に体験できる。それがこの小説のいちばんの魅力だ。

なお、書かれてはいないが、ここでの鱒はブルック・トラウトのようだ。ニックはそれをフライではなくバッタで釣る。しかし読んでいくうちに、そんなことはどうでもいいと思えてくるに違いない。

遺産

ニック・ライオンズ／杉山透訳（『鱒釣り』所収・朔風社）

この三十年ほど、アメリカのフライ・フィッシングに関連する本の「司祭」といえば、ニック・ライオンズ以外にいない。釣りの本を復刻したり編集したりするためにライオンズ・プレスという出版社をつくり、たくさんのフライ・フィッシングの名著を世に送りだした。

ニック・ライオンズはまた自身が屈指のエッセイの書き手でもあった。『良い季節の釣りびと』、『スプリング・クリーク』、そして『釣りやもめ』など、名エッセイ集といってもいい著書がある。ライオンズの本職はニューヨーク市にあるハンター・カレッジの英文学の教授。ただし、右にあげたエッセイ集を読んでわかるのは、彼もまたフライ・フィッシングの魔法にかけられてしまった、度外れた熱狂者であるということだ。

ここで紹介する「遺産」は『釣りやもめ』（一九七四年刊）所収の一篇である。釣りやもめというのは、むろん釣りをする後家さんのことではなく、ゴルフ・ウィドウという言葉と同じ意味だ。『釣りやもめ』は、釣り中毒患者に関する人間的考察としてまことに興味しんしんの本だけれど、残念ながら翻訳されているのは「遺産」（杉山透訳）一篇のみ。だいぶ前に刊行されたアンソロジー『鱒釣り』（朔風社）に収録されている。

「遺産」は短いけれど奥行のあるストーリーをもつエッセイだ。

十二月のある日、教え子のトム・ハリデイという若者がライオンズをたずねてきて、頼みごとをする。父親が最近死んで、かなりの量の釣り道具が遺された。自分は釣りをしないし、まわりに釣りをする者もいないので、どう始末していいかわからない。一度どういうものか見てもらえないだろうか。それがトムの頼みだった。

気乗りがしないまま、ライオンズは下町のみすぼらしいアパートをたずねた。その部屋にはトムの姉妹が住んでいて、父親の遺産である釣り道具はそこに持ち込まれていた。

部屋にはマリファナの匂いが立ちこめ、姉のクラリスは男友だちとソファでぐだぐだしながらテレビを見ていた。妹のジュリーが、なによ、こんなガラクタ、などとののしりながら、物置からつないだままのロッドをかかえてもってきた。

ジュリーがめんどくさそうにロッドを運んできたとき、一本の竿先がダンボール箱にひっかかって、ピシッと折れた。バンブー・ロッドで、バット部分を見ると、ディカーソン７６０１とあり、その下にエド・ハリデイと持ち主の名前も入っていた。

部屋の乱雑さと姉妹の自堕落な態度に茫然としていたライオンズは、そこで気を取り直してロッドを点検する気になった。

恐ろしいことが起っていた。

海釣り用のグラス・ロッドをひとまとめにして取りのけてみると、フライ用のバンブー・ロッドが残った。しかし、ロッドはすべてケースから取り出されて継がれっぱなし。そのうちの一本を見ると、チップの先端に太い毛糸の切れはしがついている。

「これは何だ?」とライオンズがきくと、ジュリーは平然と「ネコよ」と答えた。ハーヴェイというジュリーの男友だちがきて、ぜんぶ見たいといってロッドを継ぎ、「その細い方でフェンシングみたいなことをした」うえ、ネコを釣ろうとした。ネコ釣りをこころみたのは、七フィート六インチのペインだった。

兄のトムとライオンズの非難の目を受けて、ジュリーは憤然といい放つ。ハーヴェイの誕生日だったから、欲しいんならもっていってもいいといった。「彼があのペナペナのちびた棒が気に入って、もっていってくれてよかったわよ」。

トムも釣りには関心がなかったのだが、自分が使うことがないとしても、「父にとって明らかに意味のあるものだったのだから、いくつか手許に残しておきたいんです」といった。遺産相続人のうちで、トムだけが正気をたもっている、とライオンズは思った。

ガイドがとんでしまった、継がれっぱなしのロッド。ホイトレーのフライ・ボックスは暖房の上に置かれたので整然と並んだフライは使いものにならなくなっている。父親が遺した釣り道具は、惨憺たるありさまになっていた。ライオンズは瓦礫の山のなかから、値打ちのあるものだけを救い出した。そのなかにはディカーソンのカスタム・メードの七フィート半、ペインの七フィート半、オーヴィスのウェス・ジョーダン八フィート半、ギャリソンなどがあった。バンブー・ロッドの世界を少しでも知っている者にとっては、まさに垂涎《すいぜん》の名竿ぞろいである。

察するにそんなに裕福ではなかったトムの父、エド・ハリデイという釣り師は、一所懸命に金をためてこれらの名竿を買い、大切にしていたのだろう。フライ・フィッシャーマンとしてのエドの生き方は、この釣り道具の残骸を見ただけでもわかる。

あとは家族の問題だ、とライオンズは思った。トムの両親は離婚していて、三人の子どもの親権は母親にある。裁判所の調停で、トムは父のエドに会えない。一枚の父の写真さえもっていない。しかし、父がどんな男だったのか、死なれたいまになって、知りたいと思っている。ライオンズは、父エドにとってのフライ・フィッシングの意味をトムに伝えたいが、その遺産である釣り道具をどうするかは、家族の問題だと思ったのだ。

トムが姉娘クラリスに呼ばれて座をはずしているあいだに、ライオンズはエドのヴェストを点検し、内側のポケットから一冊の釣り日記帳を発見した。

目にした、ある日の一節。ひどい吹き降りに会い、岩棚のかげに避難して、使っていたディカーソンのロッドを膝の上に置いて、褐色の流れを見ている、とエドは書いていた。

《朝は、日の出前から静かにはじまり、独りっきりで、川の上に霧が動いていた。レナはけっしてわからないだろう。けっして。クラリスも。ジュリーも。けっしてわからない。この鋭く、身のひきしまるような朝を、またドライ・フライがすばやく消しこまれるのを。川筋をかすめ飛んでいくツバメを、流れでいい羽化《ハッチ》がはじまるにつれて動きだす川筋の鳥たちのことを。ラインをうまくキャストし終えたときのあの深い満足感を——一連の動きの中で、六〇から七〇フィートのラインが空中にしっかりと安定し、流心にある岩陰の小さな渦へそれは届く。三〇分前に弁当をわけあって食べたリス。水の色。ふとった野生の鱒の鋭い突然の引き。あの者たちにはけっしてわからない。わかろうとしないのだ。私は、それらのどんなわずかな断片さえ、あの者たちに語ることができない。あの者たちの誰にも。》

しかし、ひとり息子のトムには、この世界をわかってほしい。トムは自分が一緒に釣りをしたいと願った唯ひとりの者だ、とエドは切々と息子への思いを綴っていた。

ライオンズは日記をポケットに戻し、部屋を立ち去る前にトムにいった。あのお父さんのヴェストは、何の値打ちもないものだが、しかし君はそこで父上の人となりを知るのに役立つものを見つけるだろう、と。

男の「聖域」としてのフライ・フィッシングが、エドの残した日記の中に、鱒がいる美しい流れのように輝いている。

ア・フライフィッシャーズ・ライフ

シャルル・リッツ／柴野邦彦訳（ティムコ）

シャルル・リッツは、いわずとしれた、ＨＳ／ＨＬ（ハイスピード／ハイライン）という、フライ・キャスティングの創案者である。そして自分が提案したキャスティング法に適合するバンブー・ロッドを設計し、ペゾン・エ・ミッシェルから世に送り出した。このバンブー・ロッドは一時期わが国でも大いに流行したし、今でも信奉者は少なくない。

といっても、リッツはロッド・メーキングで生計を立てていたわけではない。パリの超高級ホテル「リッツ」の二代目、しかし父親の方針もあって、若い時からホテル経営を継いでおさまりかえっていたのではなく、靴の行商人、デザイナー、映画館の企画係など、いろんな仕事についた後、最後にリッツ・ホテルの会長になった。

何をやっても創意工夫のひとであり、仕事でも趣味でもいろんなことに手を出したが、全部をひっくるめていちばんのめりこんだのがフライ・フィッシングである。そしてフライ・フィッシングへの熱中と、そこで発揮した創意工夫が、『ア・フライフィッシャーズ・ライフ』（柴野邦彦訳）一冊につまっている。

『ア・フライフィッシャーズ・ライフ』の前半は、ハイスピード／ハイラインという革命的なキャスティング法の説明を中心に、フライや魚の生態など、この釣りの実用的な技術が記述されている。きわめて高度な入門書といっていいだろう。

とくにそのキャスティング法。現在では信じられないかもしれないが、昔のキャスティングは、一口でいえば肘を体側からほとんど離さず、上下もさせず、ロッドを前後に行き来させるというものだった。リッツは、その四角ばった不自由な投げ方を一新した。

バックキャストのときに肘を数センチ上げて、ラインを空中高く送り出すのがＨＳ／ＨＬの基本であるとリッツは説き、肘の動きを開放したのである。これは大げさでなく、フライ・キャスティングの革命だった。現在の百花繚乱のいろんな投法は、リッツの革命から出発している。

なぜリッツにそれが可能だったのか。この本に前書きを寄せている、アメリカの男性誌『エスクワイア』の創業編集長にしてフライ・フィッシング熱狂者であるアーノルド・キングリッチによれば、リッツの「偏見のない精神」がすべてのもとで、それが生来の工夫好きとうまく重なったのだ、ということになる。

権威や定説にとらわれない、自由で、合理的な精神。リッツによって、それがフライ・フィッシングの世界に持ちこまれたといってよい。この本の後ろ三分の一は、そういうリッツの釣りエッセイの短篇がずらりと並んでいる。そして機知とユーモアに富んだ軽快なエッセイのなかに、リッツのしたたかな合理精神がキラリと光っている。

そのなかから「トラウン川の夜釣り」を紹介しよう。

トラウン川はオーストリアの名川である。この川のリバー・キーパー、ハンス・ゲーベッツロイターと格別に親しかったこともあって、リッツはたびたびこの川をおとずれた。ブラウン・トラウトとグレーリング、上流の湖と行き来している巨大なレイク・トラウトが釣れる。

一九三八年の八月末の一日、リッツは釣友のクスターマンと一緒にハンスのボートに乗りこんだ。午後七時。しかしオーストリアの初秋は昼が長く、まだ陽が高すぎる。大物のいる淵を狙うのはもっと暗くなってからだ。

時々ボートを止めながら、ライズをうかがうが、お目当てのセッジ（カディス＝トビケラのこと、主として英国での呼び方）はまだハッチしていないようだった。

しだいにあたりが暗くなった。ずっと上流のほうを見ていたハンスが、突然叫んだ。

「行きましょう、今、ライズが三つありました」

ハンスは恐るべき視力の持ち主なのだ。錨《いかり》をあげ、ゆっくりとボートをポイントに近づけ、止めた。そしていった、「急いでください。あの鱒は昨日の夜は四回しかライズしませんでした」。

リッツはそのときになってようやくライズを見とどけ、すぐにセッジ・フライをキャスト、次の瞬間、竿が折れんばかりに曲がった。竿がうまく立てられない。トラウト・ロッドで鮭をかけたみたいだ、とリッツは思う。姿を見せない魚は右に左に疾走し、突然ものすごいショックがあって、そのあとラインに何の手ごたえも残らなかった。リーダーが岩にすれて切れたのだ。

日が落ちて、川面が見えにくくなった。舟に座っているとまわりじゅう虫だらけで、みな小さなセッジだった。その好機に、相棒のクスターマンは、いい型のグレーリングをうまく仕留めた。ついでリッツも、ライズがはっきり見えないまま、ハンスの指示にしたがって一キロ以上のレイク・トラウトを釣りあげた。

月が上って片側の岸が明るくなった。何匹かのグレーリングと鱒をかけ、いい釣りになったが、まだ超大物にはぶつからない。

ハンスが、ライズを認めたらしい。

「リッツさん、いそいでパラボリックの競技用の竿を持ってください。フライを見て、もし八番のセッジがあったらつけ替えてください」

ハンスは、川の真ん中の大岩のところにライズが見えたような気がするといい、舟を近づけた。あすこには三キロのレイクがいる。ライズはたぶんあの老巧な食人種だ、というハンスの言葉に、百戦練磨のリッツが不安になり、コチコチに緊張する。合わせそこなったらどうしよう。

リッツはそいつをかけた。リールが悲鳴をあげて鳴った。さいわい魚は岩の下に潜ろうとせず、ものすごい勢いで下流に走った。ラインが止まった。切られたのか？　喉の奥が引きつった。

そのとき、左手五〇メートル向うで巨大なレイクが跳躍した。そして水中に潜り、動かなくなった。ポンピング、ふたたび魚の疾走。取りこむ直前、魚は舟のまわりをぐるぐると回った。最後の賭けで、魚を力いっぱい引っぱって舟に寄せた。ハンスの大きな網が、水中であばれる銀色の巨大な生き物をすくいとった。かけてから十五分。

二キロ九五〇グラムの、力強いオスのレイクが舟の底に横たわり、ハンスが祝福して歌うヨーデルが夜の川にひびきわたった。

シャルル・リッツは「腕はプロ、心はアマ」である釣り師の代表だった。彼は『ア・フライフィッシャーズ・ライフ』のなかで何度もエキスパートという言葉を使っているが、他人にエキスパートといわれるのを拒むようなところがあった。

「トラウト・フィッシングというのは単純なことなのだ。しかし、それについて書く人たちは自分たちを偉くみせたくて、それにまわりの人たちが彼らをあまりにほめるので、まるで自分たちがスフィンクスにでもなったと思いこんでしまう」

つまり自らを神秘化している、とこの自由な釣り師は語っている。

あけっぴろげで、合理的なリッツは現役としてフライ・フィッシングを楽しんだ。改版をくり返し、そのたびに充実しつづけたこの本の一九七二年英語版には、八十歳ではじめて餌釣り（！）をしたいきさつが書かれている。七六年、八十五歳で偉大なる「遊び人」は没した。

フランク・ソーヤーの生涯

フランク・ソーヤー著／シドニー・ヴァインズ編／能本功生訳（平凡社ライブラリー）

フランク・ソーヤー（一九〇六―一九八〇）といえば、すぐに彼が創案したニンフ・パターンを思い浮かべる人が多いだろう。彼はそのソーヤー・ニンフを使って、魔法みたいにマスとグレーリングを水中からひきずりだし、「ニンフの名人」と呼ばれた。

イギリス南部にあるエイヴォン川上流、ネザーエイヴォンのリバー・キーパー（川守り）がソーヤーの本業だった。「将校釣り協会」が管轄する一〇キロにわたる流域は彼の生れ故郷でもあり、一九二八年にリバー・キーパーの仕事についてから、ほとんど一生をその川のほとりで過した。

ソーヤーは文字通り川の守り手だった。流れを正しく維持し、水質を改善し、マスが自然繁殖できる川に復活させようとした。そのために六〇年代にチョーク（石灰）を川に溶かしこんだり撒布したりするという大胆な方策を実行し、賛否の議論を呼んだ。

川の守り手であるために、ソーヤーは徹底した自然観察者（ナチュラリスト）になった。自然全般を観察する目を、流れとその中にすむマスたちにも向けた。彼はマスたちの採る餌の八〜九割が水底もしくは水中にいる水生昆虫の幼虫（ニンフ）であることを自分の目で確かめた。そしてニンフを採餌している魚を釣ることが最も効率のよいフライ・フィッシングだと考えた。同時に、効率のよい釣りのために、四種類のソーヤー・ニンフをつくった。いずれも銅線を巻きこんだ、水中深く沈むニンフである。

ソーヤーは五〇年代から六〇年代にかけて、BBCの初期のテレビ番組に出演し、釣りの実況中継をやってのけた。そんなこともあって、釣りの名人としてイギリス中に名を馳せたが、自分の本業がリバー・キーパーであることを忘れることなく、またそれを誇りにした。寡黙で、繊細な心をもちながら、信念のためにときとして誰よりも頑固になる、赤毛の大男。そういう人間の生涯をたどったのが本書である。

第Ⅰ部は、ソーヤーが書いた少年時代の回想。第Ⅱ部は、仕事についてからの半生を、ソーヤーの書いたもの、編者のヴァインズの文章、シャルル・リッツのソーヤー訪問記などごたまぜにしてたどっている。つまりソーヤーの没後、「将校釣り協会」の幹事役であり、友人でもあった元大佐のヴァインズが手ぎわよく編集した本なのである。

ソーヤーのニンフ・フィッシングがどのようなものであったかは、『ア・フライフィッシャーズ・ライフ』の著者であるリッツの訪問記がよく伝えている。

一九五二年七月の午後、リッツはソーヤーとともにネザーエイヴォンの川のほとりに立った。チョーク・ストリームと呼ばれるおだやかな流れに、魚のライズの水の輪がいくつも見えた。ソーヤーはライズ・リングで魚の動きをはかり、ニンフを投じた。そして突然ロッドを軽く合わせると、すばらしいマスがかかっていた。ドライ・フライの「名人」であるリッツは、ソーヤーにいわれたように水面のリーダーの動きに目をこらしていたが、何も見えなかった、と何度も書いている。

場所を変え、光が水中に差してニンフを捕食しているマスを目視できるようになると、リッツにもようやく魚の動きが見えてきた。ソーヤーにならってニンフを水中深く送りこみ、マスの小さなすばやい動きに合わせて手首を立てると、魚がかかった。ソーヤーのように見えない水中を透視するというわけにはいかなかったが、ニンフの釣りは習熟すれば絶大な効果があるのをまざまざと知った。

《ニンフを捕食中の魚の動きが活発なことと、この種の釣りのもつ素晴らしい可能性には驚かされた。この午後の興奮と、釣りをしているときに真に新しい何かを発見し、学んだという満足感は、これからも忘れない……》

とリッツは書いている。

ところで、四種のソーヤー・ニンフの名称は、フェザント・テイル、グレイ・グース、キラー・バグ、ボウータイ・バザー。前の二つはオリーブ・ニンフとペイル・ウォータリーと呼ばれるカゲロウの幼虫。キラー・バグはシュリンプを模したもの。ボウータイ・バザーは大型のユスリカのピューパとされている。

共通するのは、水中深く沈む重さをつけるため、スレッドのかわりに銅線を使っていることだ。そして現在のニンフのつくりからすると実に単純。詳しい巻き方は本を読めばすぐ習得できる。イギリスのニンフ・フィッシングの大成者はG・E・M・スキューズだが、スキューズのニンフはすべて水面直下を釣るものだった。ひと口でいえばニンフというよりウェット・フライの釣りである。

ソーヤー・ニンフはまったく違う考えのうえに成り立っていたが、ソーヤーはスキューズを尊敬していたし、九十歳に近い高齢のスキューズに会っている。この二人の出会いはヴァインズの文章でくわしく描かれていて、イギリスのフライ・フィッシング史の一齣として興味深い。

しかし本を通読していちばん心打たれたのは、川遊びを中心とする、少年時代を回想した第I部のソーヤーの文章である。

《エイヴォンは、一年中海に向かって流れつづけ、砂利の多い浅瀬を通過する際、ときおり、かすかな、くすくす笑うような音を立てる。（中略）それは、きらきら光る川面の下に、ときに少年の心をつかんで永遠にとりこにする、大きな魅力があることを知っているせいだと思う。》

生涯を通して、ソーヤーは川の魅力のとりこだったのだ。

（注・この訳書はマスと片仮名表記が採用されている。それにならって、このエッセイもマスと表記した。）

フライ・フィッシング

エドワード・グレイ／西園寺公一訳（講談社学術文庫）

エドワード・グレイには敬称のサーがつく。フライ・フィッシングに熱中した功績によってサーと呼ばれたのではむろんない。貴族だからだ。一八六二年生れ。オックスフォード大学を中退、政界に入って、第一次大戦開始時のイギリスの外務大臣をつとめた。のちにオックスフォード大学総長。一九三三年死去。

こういう経歴をもつ人物がなぜ『フライ・フィッシング』というタイトルの本、しかも大部の本を書いたのか。答えはきわめて単純明快で、頭のてっぺんまでどっぷりとフライ・フィッシングにつかっていたからだ。若い頃のこととしても、釣りに熱中しすぎた罪によりサーの称号を剥奪されなかったのを喜んであげたいぐらいのもの。

では、『フライ・フィッシング』はどんな本か。

冒頭に「ドライ・フライ・フィッシング」が二章つづいていて、カースティング（キャスティング、英国風の発音でこう表記されている）、毛鉤の選択、合わせ方などが、体験的にではあるけれど、詳しく語られている。まるっきりのハウツー本ではないけれど、一八九九年に初版が刊行されたとき、読者はドライ・フライの最新知識をここで得ることができたと思われる。

この本が出た当時、イギリスの鱒釣りではドライ・フライ・フィッシングの興隆期であった。ウエット・フライによる大雑把な釣りにかわってドライ・フライの釣りが徐々に広まりつつあり、この本もその流行を推し進めるのに大きな役割を果たしたのだ。

ドライ・フライをやるのは、「釣り人として通人のうちの通人である。彼らは釣りの技術と楽しみを素晴らしく優雅な高みにまで高める人たちであり……」という一節には、当時の最先端をゆく著者の高揚感がうかがわれる。

イギリスの、ということは時代を考えると即世界の、ということになるのだが、ドライ・フライ・フィッシングは、一八三六年にA・ロナルズの『フライ・フィッシャーの水生昆虫学』という本が出現したことが大きなエポックになった。ロナルズは水生昆虫の生態、とりわけ羽化した亜成虫と成虫を科学的に観察し、それに適合したフライと釣法を説いた。

それを引き継ぎ、大成したのがF・M・ハルフォードで、彼の『ドライ・フライ・フィッシング』（一八八九年刊行）は、二十世紀前半までのフライ・フィッシングの流れをつくったといっても過言ではない。

そしてドライ・フライの釣りが開発されたのは、ハンプシャー地方を中心とするチョーク・ストリーム、すなわち石灰岩質の土地をゆったりと流れる川が舞台だった。その代表が、テスト川とイッチェン川である。

この二つの名川は、まさにグレイ卿のホーム・リバーであった。五、六月のこの二つの川は、「イギリスで他のどこよりも素晴らしいと言ったら、独りよがりに聞こえるかもしれないが、私はあえて言う、ほんとうにこれに勝るところはない、と」。

そしてライズの時間（五月なら午前十一時から正午まで）、羽化する虫の種類、鱒のライズへのアプローチの仕方とキャスティングなどを具体的にこまかく語るのである。

余談ながら、この本の翻訳者である西園寺公一は、日本有数の貴族の家柄の出である。オックスフォード大学に遊学、そこでフライ・フィッシングの楽しみをおぼえた、数少ない戦前のフライ・フィッシャーマンの一人だ。翻訳は律義で正確だが、ライズが「跳ね」、キャスティングがカースティングになるあたり、いま読む者にとっては多少の違和感がある。ついでにいうと、「通人」なんて言葉もいやだね。

十九世紀末、ドライ・フライ・フィッシングをいちはやく身につけたエドワード・グレイは、まさに先駆者の一人だった。その文章を読んでいると一世紀前の釣り師がどこで苦労し、どんな工夫を編み出していたのかが手にとるようにわかる。一例をあげよう。

チョーク・ストリームでは、リーダーを魚の眼前に通過させないでプレゼンテーションすることが最大の問題だった。現在のように、細くて丈夫なナイロン系のリーダーがなかったこともある。だから、グレイ卿は、上流から下流に向けてキャストし、フライを流す利点を大いに強調している。

とはいっても、この本はやはり技術の指南書ではないのである。彼は第一章「はじめに」でこんなことをいっている。「もし私に専門家になろうという野心があるとしたら、釣りの楽しみについての専門家になりたい」。だから本書の目的は、その楽しみの特質と価値を説明することだ、と。

それを一番よく示しているのは「ウィンチェスター学校」の章だ。彼はウィンチェスター学校というパブリック・スクール（学年では中学・高校に当たる）に入学し、十四歳のときからドライ・フライの釣りを始めた。学校がイッチェン川のほとりにあったのだ。厳しい校則に縛られていて、自由になるのは昼食前の一時間しかない。

《……三月はじめのシーズン開始の日、できるだけ早く、川岸へ走った。私ほど大きい期待を抱いてイッチェン川で釣った者はいまだかつてなかったであろう。（中略）黒の上衣とずぼん、白い大きな麦わら帽子、油のひいてないブーツといういでたちで、草場の水をはね散らしながら、細流や溝の交錯する湿地をあせって転びつつ急ぐ私の姿は……》

少年の心のときめきがみごとに伝わってくる。そのときめきは、ドライ・フライ・フィッシングの楽しみを賞揚するあらゆる細部にまで、新鮮な血液のように脈々と流れている。

雨の日の釣師のために

アーサー・ランサム他／開高健編（TBSブリタニカ）

作家で釣り師でもあった開高健が、イギリスで編集された釣り文学のアンソロジーからさらに三十二篇を選び、そこに日本の三篇（幸田露伴、井伏鱒二、開高健）を加えて『雨の日の釣師のために』という一冊にした。

シェイクスピアの戯曲の一部もあれば、例のヘミングウェイの「二つの心臓の大川」もある。チェーホフやモーパッサンの魚や釣りをテーマにした古典的な短篇も入っている、まさにごった煮風編集だが、フライ・フィッシャーマンがおもしろがって読めるものも少なくない。そのなかから数篇を紹介しよう。

アーサー・ランサムは少年小説の傑作『ツバメ号とアマゾン号』シリーズの作者だが、フライ・フィッシャーマンでもあった。長年、新聞に釣りエッセイを連載、それをまとめて本にしたのが『釣竿と糸』。この本は釣り師（とくにフライ・フィッシャーマン）の生態を描いてじつにおもしろいのだが、本書ではそこから四篇がとられている。そのうちの「釣見物」という一篇。

旅をして、世界のさまざまな場所で釣りの光景に足を止めてきた。どこでも、どんな人種でも、竿と糸を使っている人の姿を見ると、足を止めざるを得なくなる。

「釣人を眺めるのは、どこか自分に似たところがある他人の伝記を読むのに似ている」

とランサムはいう。とくにフライ・フィッシャーマンを見るのがおもしろい。自分よりキャスティングが下手な人はめったにいないが、しかしこの見物には必ず教訓があるようだ、という。キャスティングはこれ以上ないほど優雅で完璧なのに、まったく魚が釣れない人がいる。魚のいないところを選んでキャストしつづけるからだ。反対に、キャスティングは見た目には上手でないが、人が見落すようなポイントにフライを入れ、次々と魚を釣りあげる人がいて、それを茫然と眺めたこともあった。

釣り見物をするのは釣り師だけとは限らない。料理されたらサケとタラの区別もつかないような老婦人が橋の上に釘づけになっていたりする。それはなぜなのか。

「魚は別の世界に住んでいるのであって、可視の世界にいる釣人は、いわば第四次元、不可知の世界に釣糸を垂れるのである」

だから誰もが、彼はあの不可知の世界からいったい何を釣りあげるのか、その結果を見たがる、というのだ。ウン、と膝を打ちたくなるような卓説である。そしてこの説は釣りの魅力をはからずも語っているように思う。

ウィリアム・ハンフリーズはアメリカ東部のフライ・フィッシャーマンで、主として七〇年代に魅力的なエッセイを何冊か書いている。「ぼくの『モービー・ディック』」は、その代表作。

モービー・ディックは、アメリカ文学の古典『白鯨』の、狂気の船長エイハブが追いかける巨大な白い鯨の名前である。マサチューセッツ州のとある流れにいる巨大な鱒は、ハンフリーズにとっては、まさにモービー・ディックと呼びたくなるほど、神秘感を漂わせる大物だった。

そいつは橋の下流にある淵にいる。ハンフリーズはいつもそいつを目にしているが、何度フライを流しても微動だにせず、完全に無視するだけ。永遠に釣れないのではないかと絶望しながら、こりずにフライを投じつづけた。

それをハンフリーズは、自分の腕前がその魚の厳格な指導の下に磨かれていった、と表現している。魚が釣りびとに完璧な腕前を要求しているのだ。彼はしまいに、一六フィートもある細いリーダーを使うまでになった。

シーズン最後の日、それはついに動いた。十二番のブラック・ナットを投じて五度目、フライが着水する前に水から跳びあがった魚が、水面から三〇センチの空中でフライをくわえた。いったんフライを水中にひきずりこんだのち、魚は四度、水中からロケットのように跳びあがった。

「宙に舞うときは、魚というよりもむしろ鳥に似て、体の斑点や光耀《こうよう》は、鳥の翼の紋様を思わせる。ぼくは彼が、自分の餌にしている昆虫さながら、変態をとげて羽化したもののように、今にもその横腹が開いて羽になり、それをひろげて飛んでゆくのではないかと、わが目を疑ったぐらいだった」

鳥に見まごう巨魚の跳躍。ちょっと類を見ないような表現である。以下はその鱒がどのようにファイトしたか、そして最後はティペットを引きちぎって橋の下の暗がりに去っていった一部始終が語られる。釣り師の敗北なのだが、この敗北はすがすがしい。

釣りによる自叙伝ともいうべき『河は眠らない』（一九四八年刊）の著者ロデリック・ヘイグ＝ブラウンは英国生れのカナダ育ち。最後はヴィクトリア大学の学長をつとめた。同書からとった「伝説の魚」は、イギリスでのパイク釣りの話である。

南イングランドでたまたま停車した汽車の窓から川が見え、外に出て水中をのぞきこむと、巨大なパイクがいた。後日、そのパイクを釣るためにその川へ出かけてゆき、ルアーで八キロのパイクを仕留める。しかし、その魚が前に自分が見たのと同じものかどうかはわからない。あれは、もっと巨大だったように思う――ということの釣りは、著者が十八歳のときの回想で、釣りのあいだ上品な母親が息子にずっとつきまとって、ルアーを投げるポイントを指示したりするようすが、牧歌的でユーモラス。楽しい一篇だ。

この本の冒頭には、美しい川と釣りびとの写真がある。そこに開高健の「釣師のマグナ・カルタ（大憲章）」が記されている。読めばニヤリと笑えるもので、たとえばその一項目に、「悠々として、かつ急げ」とあった。

つましき釣り師

ロバート・トレーヴァー／船井裕訳（『鱒釣り』所収・朔風社）

ロバート・トレーヴァー（一九〇三―一九九一）は、第二次大戦後の最もすぐれた釣りエッセイの作家の一人だろう。本名はジョン・ヴォルカー、アメリカのミシガン州の地方検事から同州最高裁判事をつとめた。そのかたわら作家業にはげみ、一九五八年に刊行した法廷推理小説『ある殺人事件の解剖』は全米のベストセラーになった。日本では『裁判』（上下二巻）というタイトルで翻訳され創元推理文庫に入っていた。

このトレーヴァーが熱狂的なフライ・フィッシャーマンで、しかもすぐれた筆力の持ち主だったから、数冊の釣りエッセイ集が生れた。『トラウト・マッドネス（鱒狂い）』『トラウト・マジック（鱒の魔法）』がその代表作。

もう一冊、『ある釣り師の解剖』（一九六四年刊）という、まことに楽しい写真・エッセイ集がある。この本は、ロバート・ケリーという「ライフ」誌の写真家がトレーヴァーの釣りを追いかけた写真集で、同時に少なくはないトレーヴァーのエッセイが掲載されている。二つが混然一体となって、フライ・フィッシングによる鱒釣りの世界が一冊の本のなかにあふれるように詰まっている。

ただし、残念ながらトレーヴァーのエッセイの翻訳は少ない。少ないというより、ぼくの知る限り一篇しかない。その「つましき釣り師」(『ある釣り師の解剖』中の一篇)は、畏友であった故・船井裕氏の翻訳で『鱒釣り』(朔風社、一九八三年刊)に収録されている。

トレーヴァーの文章の魅力は何よりもおおらかなユーモアにある。「つましき(frugal)釣り師」というのも人を食ったタイトルで、質素なフライ・フィッシャーマンなんて、存在するのかしないのか、見つけるのが困難なのである。いや、生活や性格が「つましい」人はたくさんいるだろうが、ことが釣りにかかわると、「つましさ」は一変してしまうのだ。

そのゆくたてが、「つましき釣り師」ではおもしろおかしく語られている。

《しょっちゅう魚を取り逃がしている初心者でさえ、鱒を釣るのにフライ・フィッシャーマンが必要とするのは、簡単な五つの道具、即ち、竿、リール、ライン、リーダー、毛鉤、これだけである、という事ぐらいはよく知っています。これ以外の物は見せびらかしであり、単なる飾りです。》

などという穏やかげな文章が初めのほうにある。いや、本当をいうと、自分はこれらの他にも、たも網、魚籠《びく》、ツギの当った長靴を持っているし、他にもガラクタが少しあるけれど、ジープの置いてあるガレージに行って、何があるかちょっと見てきましょう、という話になる。そして、二時間後! ああ、やっと戻ってきました、といって報告する。

フライベストを所有しているのを、いい忘れていた。これがなんだかふくらんだり、いろんなものがぶら下がっていたりで、それをあげると、「磁石、巻尺つきの量《はか》り、拡大鏡、ペンシル型フラッシュライト、グラファイトの粉末入りのチューブ（フェルールがなかなか抜けない時に使う）、鋏、ピンセット、サングラス、鉤はずし付リーダー切り、爪やすり付クリップ、弱った鱒をゴツンとなぐる錘《おも》り入りの棍棒、ティペットを結ぶための小道具、ラインドレッシングのびん、フライディップのびん、同じものがもう一びん、ティペットの組合わせ五巻、それらに交って、景品券の古いのがグチャグチャになって一塊り、といった具合」だとさ。読んでいる方は退屈するでしょうが、書き写しているほうも、ここらでやめたい、と途中で何度か思うのであります。

さらにこのベストには、棒状石けん、ポケットナイフ、小型望遠鏡、そして七〇〇個から八〇〇個の毛鉤が入った数個のフライボックスがある、という。読んでいて、七、八〇〇個のフライの名前をいちいち挙げないでくれ、と手を合わせて祈る気分となる。

ベスト一着のなかだけでこんな具合だから、ジープのなかには不要なもの必要なものが混沌としてあふれかえっている。「二丁の斧、鋸二本、手斧三丁、襲ってくる犀《さい》を真二つにぶった切るかと思える程の恐ろしげなブッシュナイフ」など、物騒な刃物などをふくめて、すべて省略したい。

トレーヴァーはそのあたりをちっとも省略しないで平然といろいろ書き連ねたあげく、以下はカテゴリーに従って、申し上げる、となる。

フライロッド。他の大勢の罪深き鱒釣り師と御同様に、アメリカ中の馬車の乗り手達に一本ずつ鞭《むち》としてあてがってやるに充分な数の、竹製のフライロッドを持っているんだそうな。バンブーロッドだから、ムチのかわりになるんだろうね。ラインも一緒にすれば、ずいぶん遠くにいる馬に鞭をふるうことだってできる。

そしていわく。バンブーロッドを筏《いかだ》をくめるぐらい持っているけれど、「衣装戸棚に百万本のネクタイを持っている男と同じく、私は通常たった一本しか〝身につけ〟ません」。それも、今や大人になってしまった子供達が生まれてくる前からある、三本継（スリー・ピース）の古い古いバンブー、とのこと。

不要なロッドを、これはこれこれのときに要る、これは特別にラインを延ばしてくれるかもしれない、軽快でいい、名竿と評判だから一本持っていたい等々の理由で（トレーヴァーはそんなふうには書いていないけれど）、ロッドはどんどん、無制限にたまってゆく。フライ・フィッシャーマンに、なぜ不要なロッドがかくもたまるのか、心理学上の論文を一本書くことができれば、人間の欲望の空の空たるありさまを突き止めることができるのではないか。僕はそう思った。

次にフライライン、フライリールとつづくのだが、写し疲れたので省略。

それで文章が終るのかと思えば、まだ続くのである。「各種船舶」という項目が立てられ、木製ボートやらゴムボート、金属製カヌーなどが一隻とか三隻とか、ガレージの一隅を領しているらしい。

それでも鱒釣りは金のかかる遊びであると考えるのはナンセンスといい放し、最後は、《それで肝腎の魚のことはどうなっているのか、ですって？　それは良い質問です。私もよくそう思うのです。》

と結ばれる。

さて、翻訳されたエッセイが「つましき釣り師」一篇しかないから、そのおもしろさを少しでも知ってもらうために、長々と紹介した。

ここで取り上げるのは、翻訳のある文章あるいは本というのを原則としているのだが、例外として、トレーヴァー著、ロバート・ケリー写真の『ある釣り師の解剖（Anatomy of a Fisherman）』の英語版を手にとって楽しむことをお勧めしたい。

ケリーの写真が、美しい。また、ひねりが利いていて、楽しい。

トレーヴァーは（僕は別のところで何度か書いたが）、映画スターのジョン・ウェインにそっくりさんといっていいほど、似ているのである。アメリカ人らしいともいえるし、格別な風格があるといってもいい。

そして、釣り姿とか、釣りをしていない時とか、一枚一枚の写真にトレーヴァーが真面目くさったキャプションをつけている。短い説明文だから何となく読んでしまうし、読むのが楽しくもなる。「つましき釣り師」ふうの発想を示す写真もある。

まずキャプション。「貧困を強いられた釣り師」とあって、その下に「われわれは貧弱な、ストイックな、禁欲的な一団なのだ。この一団は、果てしない鱒の探究のためには、何でもするし、どこへでも行く（家に帰る以外は）用意がある」と書かれている。

写真はといえば、ジープの後部ドアを開けてトレーヴァーがどっかと座り、その前の地面には、椅子とかクーラーボックスその他その他が、放り出されたようにひろがっている。車にバンブー・ロッドが立てかけられていて、おや、釣りだったのか、と画面を読み解ける。ご本人は、老眼鏡をかけて、地図の上にかがみこんでいる。

しかし、トレーヴァーの文章には冗談だけがあるのではない。

《フライ・フィッシングは、淋しくならずに孤独でいることができる、この世で唯一の場所だ。》

などという、ドキンとするような一行に、本のなかで出会うことがある。

原本を手にするのをお勧めしたいゆえんである。

Ⅳ　特別な一日

その魚は見えなかった

八月下旬の四日にわたった釣行の最後の一日、東京から一緒に来た坂西君と二人だけになった。秋田から盛岡に戻ってきて、坂西君がそこでレンタカーを借りた。最後の日は土曜日。僕たちは奥羽山脈の山麓を流れる大小無数の渓流のなかでもとりわけ目立たない小さなA沢を選んだ。よく知られている本流のかげにひっそりと隠れているような流れ。僕は何度か本流へ釣りに行ったとき、A沢にかかる橋を通過していた。東京に帰る日に釣る流れとして、その静かでおだやかそうな谷がふさわしいように思えた。

その日も快晴。今年の岩手は八月に雨が降らず、どの川も極端に水が少ない。目指す流れも例外ではないだろうが、釣りができるかどうかは行ってみなければわからない。釣れるかどうかも、もちろんやってみなければわからない。魚のことを考えれば、雨が降ってくれたほうがいい。しかし雲ひとつない朝の国道を車で走りながら、気分が静かに盛り上がってくるのは、晩夏の光にまだつづいている夏を感じるからだ。

Ａ沢も予想通り水が少なかった。川床が広がっているところでは、薄い水の膜が透明なヴェールのように広がっているだけだった。それでも、上流に目を向けると、どちらかの岸寄りに浅い淵がいくつかあって、そこは水のいろが濃い。なんとか釣りになりそうだと直感したのは、減水した流れを背の高い雑木がしっかり縁取っているせいだった。流れが深い林のかげになり、ところどころ日の光がかたまって差し込んで水色が明るくなる。あるいは木漏れ日が水面にちらちらと動く斑《まだら》模様をつくっている。こんな谷では、イワナたちはかなりの減水に耐えるものだ。釣りびとにとってつごうがいい、あまり根拠のないこの楽観的予想は、この日めずらしく当たった。

両岸の雑木が頭上の高いところで枝を差し交わしているせいで、流れは極度にくっきりした光と影の明暗をつくっていた。目がそのコントラストに少しずつ慣れてくると、水中のイワナが見えはじめた。

水位が大きく下がった長いトロ場、もっと小さな淵、あるいは水流がいっぽうの岸に片寄ってつくったえぐれ。そうした水溜まりの、いちばん末端のかけあがりに、もうしあわせたように一匹ずつイワナが定位していた。

奥に進むにしたがって、イワナの型が少しずつ大きくなるようだった。友人と二人、ほとんど機械的に交替で前に出ながら、僕たちは谷の奥へ進んでいった。減水のせいで瀬音さえつつましい谷には、乱入した二人の釣りびとを包みこんでしまう静寂があった。

やや狭くなった谷底で流れが左右二つに分かれ、真ん中が小さな河原になっている。河原のそのまた真ん中に胸ほどの高さの大岩が一つ根を据えている。先行していた坂西君がその岩の前に立って、めずらしく声をあげて僕を呼んだ。

近づいて見ると、彼は岩の頂きにカメラを向けている。レンズの先に、大きなカエルがいた。ヒキガエルの一種だろうか。ヒキガエルにしては鮮やかな色の線が体側に入っている。

レンズを向けっぱなしの坂西君を残して先に進んだ。少し落差が出てきた流れの、一段上の岩場に魚のいそうなスポットがあった。そこを釣ろうとして足を運ぶ背中に、坂西君が「このカエルは瑞兆《ずいちょう》ですよ、きっと」と声をかけてきた。

一段高くなった岩に足場を定め、反対側の岸近くを洗う勢いのある水流をのぞくと、二五センチほどのイワナが流れの末端の小石にぴたっとはりついているのが見えた。僕が立っている岩場が流れとまじわるあたりに背の高いネコヤナギの茂みがあり、茂みの向こう三メートル先に、そのイワナがいる。

こいつは必ずかかる。僕はネコヤナギを避けて、斜め下流からイワナの一メートル前に十四番のエルクヘアー・カディスを置いた。次の瞬間、何が起きたのかわからない小さな錯乱があった。

かなり遠い流れのなかで二本の矢のようなものが走り、どちらかがフライに届いた。そこまでは見たような気がする。反射的にロッドを軽くあおると、ラインの先に重く大きいものがいて、それは小さな段差を越えて下流に走った。横にもっていかれた竿先をラインをゆるめて立て直した。大きな魚が、水のひろがりのなかに出て、闇雲に走りまわった。

坂西君がようやく駆けつけて、ネットを差し出した。ネットのなかに、見て釣ろうとしたのとは別の、三八センチのイワナが入った。黒っぽい体色に蛍が灯っているような大きな斑点。いかにも北方形のこのイワナは、ネコヤナギの茂みの下にいて、突然フライに襲いかかってきたのにちがいない。予想もしなかった大物に、息をのんで見とれた。

カメラに魚体を収め、イワナを流れに戻したあと、「やっぱり瑞兆だったね」と坂西君が声をはずませて祝ってくれた。しかし、どこで何をひっかけたのか、愛用の六フィート一〇インチのバンブー・ロッドの先端がくの字に折れているのを、僕は知っていた。

花ひらく頃

サクラの花が咲くと、わけもなく気分が浮きたってしまうのは、日本人が古くから育んできた感受性が自分のなかにもあるということで、僕一個の責任ではない。と、ひとまず思うとしても、その浮きたつ気分を渓流釣りに結びつけて、薄紅の花の色にヤマメの幻影を見てしまうのは、どうやら僕の勝手な思い込みで、何かのせいにするわけにはいかない。

東京のサクラが咲いても、もちろんフライ・フィッシングにはまだ早い。鶴岡でもようやく咲きはじめましたという花の便りを聞いても、庄内地方の川へ飛んでいくのもまだ早いのである。長年の経験でそれは知っているはずなのに、花の下でロッドを振りたいという欲求を抑えがたく、出かけてゆく。そしてたいていの場合、ひどい目にあって茫然自失する。

そんなことをくり返すうちに、サクラの花は僕のなかでちょっと厄介な存在になった。心のバランスを失いがちだから芽吹き時にご注意、といういい方があるけれど、僕の場合はさしずめ花時にご注意ということろか。

爛漫と咲くサクラの花はたしかに春たち返る、と思わせてくれるのだけれど、花の咲く頃はどうも気候が不安定だ。花冷えという言葉もあるくらい、おそろしく寒い日になったりする。渓流もまた不安定で、たとえば北国の里川などでは、雪代水《ゆきしろみず》が入って釣りにならなくなったりする。

庄内地方のA川は、下流部の温泉場の両岸がみごとなサクラ並木で、ちょうど花の満開に行きあわせたことがあった。春の日差しはあたたかく、ものがみな溶けだすようだ。しかし僕は、満開のサクラの下でため息をつくばかりだった。A川は、雪代水の奔流がごうごうと音たてて流れ、河原に立つことさえできない。きのうの雨とこの陽気がかさなって、春の奔流をひき出してしまったのだ。

A川をあきらめ、隣接するB川へ。しかし、川底に砂地の多いこの川は、川ぜんたいが褐色の渦巻き模様みたいになって、手がつけられない。川ぞいの斜面をおおっている菜の花の静けさと、激しい濁流が奇妙なコントラストをつくっていた。

しかたなく、さらに遠いC川まで足を運んだ。C川もまた、青灰色の雪代水がとうとうと流れていたが、僕は幅五メートルほどの支流にもぐりこんだ。支流は砂地の川で、透明な水が流れていたが、段差のない砂地を一歩進むたびに中型のヤマメが矢のように走るばかり。魚を蹴散らしながら、一キロをむなしく歩いて帰ってきた。少なからぬ魚影を見ただけに、いよいよ屈託《くったく》が深い。

A川の温泉宿で夕食をとった後も、気持がおさまらなかった。僕は夜陰に乗じてロッドを持ち出し、満開のサクラの下、すなわち川べりに立った。護岸の上の遊歩道から、街灯の光が届いている流れをのぞくと、雪代は少しはおさまっているようだった。

護岸のすぐ下、いくつかの岩にかこまれて、流れがとまっているように見える場所があった。大きなエルクヘアー・カディスをその黒い水面に置いた。フライが吸いこまれ、僕は魚を持ちあげてサクラの木の根元に着地させた。三〇センチはあろうかという大ヤマメが、土の上でバタバタともがいた。

魚体を手にし鉤をはずした。体側に二、三片の花びらが土とともにくっついていた。それはちっとも美しくなかった。自分の釣欲の、得体の知れない醜さにはからずも鼻をつきあわせたような感じだった。

もう十数年も前になるが、思いだしてもいまだ後味のわるいサクラとヤマメの記憶である。

これは五年以上前のことだが、岩手の釜石市を拠点にして三陸沿岸の川で遊んだとき、海辺の町や里はまさに花の盛りだった。ソメイヨシノもシダレザクラもいっせいに咲いて、大気もうるんだようにあたたかい。川に向かうため、海沿いの国道を車で走ると、花がつぎつぎに現れて目を奪われた。

中小規模の川が、直接海に注いでいる。僕たちは海から一キロも入らない地点に車をとめ、それこそ村のなかのサクラの花の下で釣りをした。水はやや多いていど、水温は七〜八度。条件は絶好といっていいのに、フライに飛びついてくるのはいかにも放流魚という姿の小ヤマメばかり。同行した友人たちと共に「ハッチもライズもない」といって天を仰いだ。その天は、ところどころに靄のような薄い雲がかかっているが、春の光がまぶしい。

思い切って、その川の上流部のようすを見ることにした。中流部はけわしい岩場の谷だが、上流部は雑木林とそれに続く牧場のなかを小さな流れがゆったりと蛇行している。

舗装された林道を上っていくと、目の前にアナグマがいた。よたよたした足どりで道を横切り、山側の側溝にストンと入りこんだ。車を近づけてもアナグマは側溝からはい上ろうとせず、トコトコとコンクリートの枠のなかを走りつづけた。

アナグマのユーモラスな姿は、瑞兆だったようである。平らになった林のはずれに車を止め、ゆるやかな斜面をおおっているぶあつい落葉をがさごそ鳴らして水辺に下り立った。ブナとナラの若木が多い林はまだ芽吹いてもいず、固い新芽の蕾《つぼみ》が光っている。裸の林のなかの流れは春の光があふれて明るかった。

ブルーダン・パラシュートに魚がつぎつぎに襲いかかった。イワナはおっとりと、ヤマメは小さな動きで素早く。中型が多かったが、長いプールでは、三〇センチに少し足りないぐらいのイワナがすなおに出た。みな、北国のきびしい冬を越え、春の流れに洗われた美しい魚体だった。

地元の友人が、意外な大釣りに口元をほころばせながら、いった。「ハッチもライズも、ほとんどないのに、なぜか魚がいくらでも出てくる」。

サクラの咲く下流では魚が動かず、まだ木々の新芽が固い上流で魚がフライを追いかけまわす。「蛇を追ふ鱒のおもひや春の水」という蕪村の句があるけれど、春の水もそこで遊ぶ渓流魚の思いも、僕にとってはナゾにみちたままだ。

雪を吸うイワナ

雪代水が出る前の、水量がけっして多くはない、春の流れ。冬を越えて、ふたたびよみがえった喜びに、頬笑みを浮かべながら流れる。そんな流れの表情を見とどけたうえで、落ちこみの横、流れがそこでひと息ついているような小さな溜まりに十六番のモーニング・ダンを落とすと、ヤマメの青っぽい頭が一瞬現れ、僕はしっかりとそのヤマメをかける。

頭の暗がりのなかにある小さな記憶のスクリーンに、流れとヤマメが大映しになる。しかし、場面の映像は細部まではっきりしているのに、その流れがどこであったのか、僕は思いだせない。

川の名前が失われている。

僕はそれでもいいと思いつづけてきた。記憶の外に消えていく釣りや川は、消えていくだけの理由があるのだろう。頭のなかに宿りつづける記憶だけを大事にしていれば十分だ。そう考えて、釣り日記をつけなかったし（あるいは今年はつけてみようかと二、三回分は書いたけれど、後がつづかなかったし）、記憶がわりの写真をとるのも、まじめにはやらなかった。

写真なんか、自分のも、他人がとってくれたものも、ただ見るだけではそこがどこであったか思いだせない。そうならば、日記がわりにとっておくなんてのも、あまり意味がないのではないか。

不遜にもそんなふうに思っていたのは、記憶について自信があったからではなく、最初から何かをあきらめていたからではないかと思う。そして、年のせいだろう、場面の記憶があやしくなり、川の名前はさらにあやしくなっている。それを自覚して少しあわてているところだ。

春の流れの残像を少しでもかき集めて、記憶のなかにとどめておきたい。春の川の名残りを書きとめて、文章によるアルバムをつくっておきたい。アーム・チェアにうずくまって思いだすためではない。これから先も、ずっとずっと年ごとにフライ・フィッシングの愉悦にひたっていくためにそうしたいのだ。

昔といってもよいほどにはるか以前のことになるが、岩手の和賀地方のその川に初めて行った春四月、川に出るまでの森のなかには膝までの雪が残っている場所があった。土が出ている場所には青草が萌えだし、ブナ、コナラの森はいままさに新芽がひらいたところだった。

梢にふきだしはじめた、なかば透明な緑。その木々の足もとにある残雪。森のなかを瀬音のするほうに向かって歩いていくと、自分が音楽に包まれているような気がした。ゆるやかに、歩くほどの速さで、透きとおった緑が澄んだ音をかなでている。

川辺に出て、二、三度流れを渡って進むと、白い砂の河原がひろがった。空気は凜として冷たい。水もまた冷たいが、青灰色をおびた雪代水ではなく、おそろしいほど透きとおっていた。魚にさとられやすい、明るすぎる流れにフライを投じる。五度に四度はイワナが走った。フライに向かってではなく、フライから頭をそむけて逃げた。それでも、五度に一度はどうにか魚をかけた。二四、五センチの、白く見えるイワナ。背のあたりはごく薄い褐色で、そこに明るい橙色の斑点が散っていた。こんな色のイワナが所によっているのだ。

残雪の白を踏んで川に出て、白い河原と河床をもつ流れからかろうじて釣りあげた、白いイワナ。あのとき鳴っていたアンダンテの旋律はもう耳に残っていないが、僕はたしかに音楽に包まれていた。

春の岩手の釣りで、時ならぬ雪に見舞われるのはめずらしくない。おそらくは雪が時ならぬのではなく、待ちかねてロッドを振る僕たちの釣りのほうが時ならぬのだ。

四月といっても寒いので、三陸沿岸に近い川へ行った。集落と町に沿って流れるその有名すぎる川を、僕は苦手にしていたし、いくぶんかあなどってもいた。

流れのほうに目を向けながら、土手からゆるい斜面を下りてゆくと、石につまずいて一メートル飛び、顔だけはかろうじて横にそらして着地したとき、左肩と左胸をしたたかに打った。激痛で息がとまったが、起きあがって腕を動かしてみると正常に動いた。骨折ではない。そう思えたので流れのほとりでロッドを振りはじめた。見るからに寒そうな流れから魚は出なかった。同行の宇田清さんが本流に見切りをつけて、支流の池みたいな溜まりに連れていってくれた。溜まりに向かってラインを出そうとすると、雪がチラチラと降ってきた。冷たい花びらみたいな頼りない降りかただけれど、雪は雪。その雪のなかで、はっきりしたライズがあり、それがつづいた。

ここのイワナは、雪片を食うのか、と役にも立たないことを思ったのは、左肩と左胸の痛みがまして、絶えがたくなってきた、その腹いせだったのだろう。

同じプールで十四ほどかけたあと、ダウン・パーカの胸に右手を差し入れてみると、鎖骨のあたりが毬《まり》みたいにふくらんでいた。宇田さんにおずおずとそれをいったら、ただちに近くの県立病院に運ばれた。骨折ではなかったが、治るのに三週間かかった。

それでも、雪のなかのライズはなかなかいいものである。

そんなふうに強がりみたいにいってはみるけれど、新緑がはじまりかけた頃、ぬるんだ春の水が静かに流れ、羽化《ハッチ》とライズがポツンポツンとある、というのがやっぱり身にしみていい。岩手のような北国ではなかなかそれに出会えず、季節は一気に晩春から初夏に移ってしまいがちだ。

ある年の春、盛岡にごく近い川で、ほんとうに春らしい流れの前に立った。初心者の友人が一緒だった。魚がざわめいている午後の流れに友人が慣れないキャスティングでフライを投じると、二五センチ以上のまるまる太ったイワナがつぎつぎにかかった。

何が起っているのか、理解できないまま、むしろキョトンとしている友人の顔が、岸辺の雑木の浅い緑色に染まっていた。

特別な一日

あとで思いだすために、その特別な一日があるわけではない。森の緑に包まれ、流れのなかを上流へとたどる、その一刻一刻。大量の羽化に出会って胸ときめかせ、ライズする魚をしとめて心が充足する、その一瞬一瞬。釣りの体験は、その一刻一瞬のなかにある、一回だけのもの。だから、特別の一日というのは、ただそういう一日があったというだけで、過去のなかに煙のように消えてしまう時間なのだ。

だとしたら、僕がその一日について何かを書きとめておこうとするのは、ほとんど無意味ということになる。しかし、一度かけそこねたヤマメに未練がましく何度もフライを投じている釣りびとみたいに、僕は書いておこうとする。

二度とくるはずのないあの一日、あの時間なのに、書きとめて思いださずにはいられない何かがあるからに違いない。しかしそれが何であるのかは、自分でもよくわからない。

ある年の五月半ば、岩手に住む宇田清、高橋啓司と一緒に、秋田のその谷に向った。車のなかから見える林はまさに新緑で、透きとおるような色だ。東北の気候はこのころ安定していて、晩春の気だるい暖かさがある。

ちょうどフライ・フィッシングの盛期の入口にいる。そんな思いで僕の気分は高揚していたし、おそらく宇田さんも啓ちゃんも同じ気分のようだった。啓ちゃんが十日ほど前に数年ぶりでその川を訪れ、川に復調の兆しがあるのをつかんできた。宇田さんも僕も、何度かその川に遊んだことがあり、川がよかった時のことを知っていた。そしてここ数年、荒廃してまったくふるわなかったことも。もし川が復活していれば、晩春の一日に、頬に紅を刷いたような幅広ヤマメに出会うことができるかもしれない。

三人ともそう思っていた。


川のほとりに出る小道をまちがえたのかと思うほど、記憶にある風景とようすが違っていた。ひらけた河原にまで通じていたはずの林道が、密生したカワヤナギの林のなかで行き止まりになった。

水音が聞こえた。僕たちは車を降り、仕度をととのえ、フライ・ロッドを握った。カワヤナギの林のなかは白っぽい柳絮《りゅうじょ》が敷きつめられていた。足音が柳絮の重なりに吸いとられた。山の奥で、ひっそりと春が行こうとしていた。

林を抜けると、静かな流れがあった。記憶が描いていたより河原はせまかったが、でも釣りをするには十分の流れだ。林のなかに秘められていた流れが不意に目の前に現れる。そのせいで流れは一個の生きもののように思われた。

流れのおもてから、カゲロウがしきりに羽化していた。コカゲロウとマダラカゲロウの一族。中型の、茶色っぽいトビケラ。羽虫たちの音のない動きが川面にあった。

ライズ。一回、二回、三回。七メートル前方の、流れのほぼ真ん中に三回目のライズを見たあと、僕は隣りに立っている宇田さんに身振りだけでキャストをすすめた。

ピンクのインジケーターがライズの場所に正確にさしかかると、魚が顔をさらして飛びついた。魚が左に走り右に走り、流れの中央に戻って少しのあいだ動かなくなった。宇田さんは左岸の岸辺にまで後退し、小さなネットに大きな幅広ヤマメをおさめた。

三人でネットの魚をのぞきこんだ。頬から体側にかけての、薄紅色のあざやかな一刷け。幅広の背のメタリックな銀色の輝きの底に藍色のパーマークが潜んでいる。まさにこの川の、昔を思いださせるヤマメの姿だった。

啓ちゃんが僕に向って「どうぞ」とうながし、ヴェストからメジャーをとり出して魚に当てた。

「惜しい、二九センチ」という笑いをふくんだ声をうしろにして、僕は流れに向った。

宇田さんがライズをとった五メートル上流、水中の岩がつくる小さな落ちこみの下でライズがあった。烈しくはない、つつましやかなライズ。よし、あれを取ろう。この距離、この滑らかな流れなら、十六番の、褐色のカディスでも十分に見えるはず。

二投目にヤマメが出た。上半身を水面に出し、ひるがえってみせた。少し時間をかけて岸辺に寄せ、いつものようにネットは使わずに水中で魚を押さえた。宇田さんが釣ったのよりもやや小さい、だが同じように体高のあるヤマメだった。

三人は二〇〇メートルつづく、ゆるやかな流れを交互に釣りすすんだ。中・大型のヤマメを、ほとんどライズの数だけ釣った。

この流れのなかにいて、僕は奇妙なことに気づいた。大きな静けさが、林と、林のなかの流れをすっぽりと包んでいる。せせらぎの音、ときにはライズの音、かけた魚が流れをざわめかせる音。音がまったくないわけではない。にもかかわらず、晩春の森と水のなかにすべての音がたちまち消え入ってしまうかのように、あたりは大きな静けさが支配している。自然は時としてそのような静寂を僕たちに感知させるものなのだろうか。

僕たちの特別な一日は、このようにして始った。そしてこの日が特別なものになったのは、ほんとうはこの後にさらに充実した時が流れたからだ。最初のおだやかな流れは、二〇〇メートル先で北俣と南俣に分かれていて、僕たちは水量が多い南俣に進んだ。その流れはどこまでも続くかのように奥が深く、僕たちをとらえて放さなかった。山岳渓流に変わった南俣での釣りはまた別の物語になるのだけれど、ほとんど終日なにがしかのハッチがつづき、同時に僕たちが大きな静けさに包まれていたことは変わりがなかった。

ノウゼンカズラのある道

真夏の渓流釣りはきびしい。

しかし勤めのある身にとっては、夏休みこそが渓流歩きに没頭できる数少ない機会だった。塔のようにそびえ立つ積乱雲、草いきれ、木立ちの中にひっそりと隠れている流れ、流れの回廊を動く夕暮れの微風。僕はそういうものすべてが好きだ。だから、真夏がフライ・フィッシングにとってはきびしい季節であっても、好きなもののイメージを追いかけるように、フライ・ロッドを片手に旅に出る。少しでもよい条件を求めて、できるだけ北の方へ、北国の渓流へ。たとえば、秋田の米代川《よねしろがわ》水系の、誰からも忘れ去られたような小さな流れに向かう。

車の前方に、ノウゼンカズラの花のかたまりが見えた。道路沿いの古びた小さな家の軒先を埋めつくすように蔓性の茂みが盛り上がっている。橙色の花が茂みからびっしりと垂れ下がっていて、強い夏の日差しに倦《う》み疲れているようにも見えた。これから長い坂を登って台地に出る道を、僕たちは三年つづけて通っていた。だからノウゼンカズラの花々は、台地への道しるべになっている。

台地に出ると、助手席の僕は左側の窓をあけた。夏の風が流れこんできた。台地は、広大な開拓農地であり、その中を広い舗装路が北の方向に一直線にのびていた。田んぼの稲の緑がひろがり、ところどころに、トマトやキュウリの小さな畑、広くとったイモ畑が見えた。開拓農地の東側を区切っている低い丘の森。その森の上に、大きな積乱雲が二つ立ちあがっていた。背後の朝の空は早くも熱をおびたように、かすかに白っぽい。

西の空は、遠くの海を映しているかのように明るくひろがっている。海の方向から、ゆるやかな西風がこの真っ平な台地を渡っているようだったが、走っている車はびゅうびゅう風を切っているからよく分からなかった。

この広大な開拓地がどれほどの収穫をもたらすかは見当がつかない。冬が長い、北の果ての気候の中では、見かけほどのことではないのかもしれない。それでも、僕は晴れやかでどこか淋しい台地の中の一本道を車で走るのが好きだった。故郷へ帰る道というのとはだいぶ違うけれど、この晴れやかな走行が終ったところに森があり、森は懐かしい小さな流れを隠していた。

台地を下りきった地点で右折し、車はさらに三キロほど低い山のあいだを走った。最奥の集落、といっても四、五軒の農家があいだを置いてたっているだけ。そこを過ぎると、舗装が尽きて土の道になった。最後の狭い田んぼの向うに、山の斜面の根元を洗う小さな流れがあった。橋を渡ったところにある空地に友人の木田は車をとめた。

木田五郎は秋田の県央に住む釣り仲間だ。北のはずれのこの隠れ川に来るのは年に一度、つまり東京からはるばるやって来る僕と一緒のときだけだ。自分で見つけて僕を連れてきてくれた川なのに、彼はけっして一人で来ようとしない。いったんこうと決めると頑固に守る。木田はそういう男なのだ。

いま僕たちが入渓した地点は、この小渓流ではいちばん下流の釣り場だ。先に流れのそばにいった木田は、しゃがみこんで手を水にひたし、僕のほうに振り向いて言った。

「意外だ。だいぶ減水しているのに、水がけっこう冷たい」

彼は忘れているのだ。低い山壁をぬうようにしてぐねぐねと曲りくねっているこの流れには、ところどころに地下水が湧いている。夏はふつうの川なみに減水はするのだけれど、そのわりには水温が極端に高くなることはないのだ。そのことを、前年の八月に来たときに確認していたのに、彼は忘れている。

橋のたもとから上流にむかって、平坦でやや厚い流れがゆったりと動いていた。午前十時、夏の外気はすでに熱気をはらんでいた。

七、八メートル先に、ライズがあった。隠れ川にふさわしい、音のない、小さなライズだった。背後の橋を気にしながら、木田がサイドハンドでラインを出し、エルクヘアー・カディスがライズに届くか届かないかという場所に落ちた。すぐに小さな水のえくぼができ、魚がかかった。ぐるぐる回転しながら手元に寄ってきたのは、二五センチほどの頬が鮮やかに赤いヤマメだった。

しばらくは高い雑木に囲まれた、幅五メートルの溝のような流れがつづいた。木田と僕は交互にロッドを振り、一匹ずつ魚をとった。底石のせいで黒く見える流れの中から頬の赤みをきらめかせながら、いくつもの宝石が浮びあがってきた。

午後には、ずっと上流にいた。

流れはさらに薄くなって、ウェイディング・シューズがかろうじて水中にひたるぐらいに浅かった。平坦な雑木林に囲まれたそんな流れが、真直ぐに一〇〇メートルほどつづいている。ここはパスだね、と言いながら歩きはじめると、とても魚がいそうもない浅い流れに型のいいイワナが走った。

すぐに岸辺に身を寄せ、流れの上にラインを送り出してみた。さらさらと小さな波が起状する流れから、イワナがフライに向かって飛び出してきた。それが五メートルおき、ときには三メートルおきに連続した。半ばあっけにとられながら、僕たちはほとんど口をきかず、交互に魚をかけ、水に戻した。

真夏の、減水した流れになぜこんなにイワナがかたまっているのか。これも、湧水《ゆうすい》がつくり出した奇跡なのか。わけが分からない。水深わずか二〇センチしかない流れに、たむろするようにイワナがいるのだ。夏の午後に、白昼夢を見ているようだ、と思った。

夕暮れどき、台地をつらぬく直線の道を戻った。東の空の積乱雲が崩れ、ほのかに赤く染まっていた。深い満足感があった。北国の、地図の上でも目にとまらないほどの小さな流れで、ヤマメやイワナたちと遊んだ。夏の日の、たった一日の、秘め事のような釣りだった。それで十分だ、と考えよう。来年の夏休み、また一日だけここに来るまでの長い時間のために、この幻のような流れはあるのだ。

きらめく水の奥へ

車でここまで送ってきてくれた木田が去っていくと、僕は勢いよく生い繁った夏草をかきわけて、小さな斜面を下りた。体を包む暑さと静寂。まだ梅雨明けにはなっていないはずだが、白い小さな雲が青空に模様をつけるように浮んでいるだけ。午前八時の日差しは強い。七月上旬、秋田の、隠れ谷のような小さな沢である。

近くの町に住む友人の木田五郎がこの谷を見つけた。六月の細雨の降る日の午後、木田がためしてみようといって、ここに連れてきてくれた。思いもかけない、すごい釣りになった。

雨で水かさがやや高かった。流れには白っぽい半透明のヴェールがかかっていたが、濁っているのではなかった。どこか上流の石灰質が溶けだしているのかと思われた。両岸から木々がかぶさる流れが、進むにつれて広い河原をもつようになり、五メートル以上のラインが出せるようになった。あらゆるポイントから、見さかいもなく、という感じで魚がフライにとびついてきた。

体高のあるヤマメが主役で、イワナは時折小さな溜まりから顔を出すていど。三キロ先の高い堰堤を右岸の急斜面で越え、堰堤の上の同じような規模の流れを三〇〇メートルほどいったところで釣りをやめた。細い雨が半日降ったり止んだりした天候のせいで、夕暮れが早くきた。白銀の輝きをもつ体側に、頬からはじまるあざやかな紅色が細い帯になってつづく、息をのむような美しい魚体を何度手にし、何度流れに戻したことか。数えきれず、というしかなかったほどだ。

六月に初めてこの谷を釣ってから一カ月後、いま流れを縁どる森が夏の装いを深めている。木田が仕事のつごうで一緒に遊ぶことができず、僕はひとりで少し緊張しながら谷をさかのぼった。谷は六月に来たときよりもだいぶ減水していたが、その影響がほとんどないといえるぐらい魚はよく釣れた。魚がエルクヘアー・カディスに出、それをかけるたびに、ひとりでいる緊張がゆるんでいくのを感じた。コナラの幹にまっすぐにとまったアカゲラの姿を見、林の奥でツツドリが間の抜けた声で鳴くのを聞いた。

いまは使われなくなった右岸ぞいの林道がそこで急に流れに接近し、林道下のゆるい斜面が草ヤブになっている。そのため流れを遡行していくと、そこでパッと頭上の空がひらけた。流れはまっすぐな瀬になり、瀬の先にはこの谷にはめずらしく、小さいけれども深い淵があった。右手から水が勢いよく流れこみ、半円を描くようにして左手から流れ出し、その流れが瀬になる。

六月に来たとき、この淵で僕は超大物をかけそこねた。淵の前の瀬がはじまるあたりで型のいいヤマメをかけた直後で、淵では出ないだろうという油断があった。淵の真ん中に出た魚に驚き、合わせが遅れ、フライが空を切った。一部始終を林道に立った木田が見ていた。二度と出なかった魚を僕があきらめたとき、彼は僕のそばまで下りてきて、すごいヤマメだった、控え目に見ても四〇センチはあった、といってため息をついた。

いま、夏の強い日差しにさらされている、まっすぐな瀬とその奥にある、あの淵。瀬からは、下流のほうで中型のヤマメが一匹出ただけ。僕がかけそこねた超大物は、あの小さな深い淵のどこかにいるに違いない。確実に四〇センチ以上あった、とあのとき木田は三度いい、三度目にすまなそうな顔をした表情が目に浮んだ。

僕は額と首筋に吹き出している汗を手拭いでふき、濡れているアントを十四番のエルクヘアー・カディスにつけ換えた。浅い瀬のまんなかに出て、七メートル先の淵尻にフライを投じた。魚がフライをおそうのが見えた。半転して太い胴が水の上にきらめいたとき、合わせた。その動作をしながら、魚の姿に魅入られたように一瞬合わせが遅れ、その分大合わせになったことを意識した。ゴツンという手応えがあり、合わせ切れしたティペットが手もとまで戻ってきた。

ふらふらと岸辺に戻り、手ごろな岩の上に腰を下ろした。全身から力が抜け、また顔中に汗が吹き出してくるのがわかった。緊張のしすぎ、と口のなかで呟き、苦笑いした。

負け惜しみでいいかげんなことをいうのではない。悔しかったけれど、じだんだを踏むというほどではなかった。流れで顔を洗い、手拭いで汗をふきとると、体のすみずみから力が湧いてくるようだった。夏の谷でたったひとりで遊んでいる、さびしさと喜びが入りまじって、胸がしめつけられた。僕は立ちあがり、また流れをさかのぼりはじめた。

堰堤の上の広い河原で昼飯をとった。なるべく時間をかけてという意識はあるのだけれど、いつのまにかガス・コンロや小鍋をデイパックにしまい、歩き出していた。

三〇〇メートルほど進み、六月にそこで林道にあがった地点を通り過ぎた。そのあたりから、左岸側に急峻な岸壁が現れ、流れがそれに押されるように右に左に曲った。岸壁の根に寄っていく厚みのある流れから魚はためらいなくフライに出た。中型のイワナが少しずつ増えてきた。腹があざやかな橙色をした、源流帯のイワナだった。

両側にほぼ垂直の岸壁が迫る小さな回廊があった。水が両岸いっぱいに流れ、川幅はほぼ五メートル。腰までくる水を押しわけてそこを抜けると、また夏の日にさらされた河原に出た。見通しのきく場所だった。

はるか前のほうに、小さな滝——というより三段になった水の階段が見え、流れが白いしぶきをあげていた。日の光があたり、水が誘うようにきらめいている。僕はあらためて谷の奥深くにいることを思い、身をひきしめた。そしてあの水のきらめきのなかへ進んでいこうと思った。

エルクヘアー・カディスの魔術

恐竜に翼が生えて鳥になった。生物の歴史でいえば、これは進化である。僕のフライの歴史のなかでは、小魚が怪しげな変態をくりかえすうちに、トビケラ（カディス）になった。つまり、マドラー・ミノーという水中用のストリーマーが、水面に浮かぶようになり、やがてはエルクヘアー・カディスになったのである。この場合は、まことにいいかげんな変化はあったけれど、進化とはとてもいえない。

マドラー・ミノーは、いつ頃だったか忘れてしまったぐらい、はるかな昔に使ったストリーマーである。パターン・ブックの指示と写真を頼りに初めて巻いてみて、下手くそな完成品を眺めてかなり感動した。

ディアヘアーを束ねてシャンクにくくりつけ、アイ付近のヘアーを刈りこんでヘッドをつくる。それが小魚（とりわけカジカ類）の頭になるというのは、フライ熱狂者以外はとても思いつかない発想ではないか。そのへんがいいようもなく面白かった。

しかしこのマドラー・ミノー、形はいいのだけれど、ヘッドとそれにつづくウイングの強い浮力のために、小魚のくせになかなか水中に沈もうとしない。おもりが必要になる。それが面倒だから、ボディのゴールド・ティンセルをやめて、シャンクに鉛のワイヤーを巻いてその上から黄色や茶色のウール・ヤーンをかぶせてボディにした。これで水にもぐるのを嫌わなくなった。

いっぽう、ボディがティンセルのままの、沈みたがらないマドラー・ミノーは、とくに十二番十四番なら、渓流で浮かせたまま流すとそれなりに釣れるのである。そこで、一計を案じ、ボディをフライ・ライトの薄茶色にし、ターキー・クイルのテールを省き、ヘッドをやや小さめにした。こうなれば完全にドライ・フライである。夏になるととくに有効で、自分ではグラスホッパーのつもりでいた。

そのうちに、ターキー・クイルのウイングを帆のように立てるのが面倒になって、これも省略。さらに、ドライ・フライは何をおいても浮力がいちばん、とお題目みたいに唱え、フライ・ライトのボディの上にパーマ・ハックルを巻いた。構造上、さらによく浮く。

友人がこのフライを見て、「ふむ、ディアヘアー・カディスか」といった。いわれてみればそれに反対する理由はない。僕は平然と、「そう、カディス、カディス」と応じた。

かくして、わが小魚のマドラー・ミノーは一度変態して浮力を得、バッタになった。ついでもう一度変態して帆みたいな羽を脱ぎ捨て、足のようなものを胴の下に生やして、トビケラに化けた。

これは恐竜が翼を生やして鳥になったような進化ではない。きっちりイミテーション・フライをつくることに怠慢な僕が、ずるずるとタイイングの手を抜いていくうちにディアヘアー・カディスに行きついてしまったというわけで、いわば退化のプロセスをたどった結果なのである。

もう三十年近く前の話である。僕はその頃（そしておそらくは今も）、水生昆虫については通りいっぺんの知識しかなかったのだが、日本の渓流では圧倒的にトビケラの種類が多く、わりとシーズンを通して羽化していることは知っていたので、このカディス・フライを信頼し、多用した。じっさいディアヘアーのカディスは、ときには万能のフライかと思わせるほど、すごい効果を発揮した。


一九七〇年代後半、モンタナ州のフライ・フィッシャーマン、アル・トロースがエルクヘアー・カディスを創案した。創案したというより、ディアヘアーより浮力のあるエルク（オオジカ）の毛を採用し、カディスとしての形を整えたのだから、改良したといったほうが正確だろう。エルクヘアー・カディスは、とにかくよく浮き、釣りびとによく見え、堅牢である。しかも、色あいからいうと、日本の渓流でもっともポピュラーなヒゲナガカワトビケラの成虫（アダルト）にまずまず合う。ジャック・デニスのタイイング・マニュアル本で紹介されたこともあって、八〇年代に入ると日本中に広まった。

僕もさっそくディアヘアーからエルクヘアーに乗りかえた。効果はめざましかった。晩春から秋まで、これ一本で通せると思ったくらいで、カゲロウを模倣したフライの出番が減った。エルクヘアー・カディスは、便利簡単にして万能、魔法のフライになった、といってもいい。

では、このフライに弱点はないのかというと、ないわけではない。日本の渓流のいたるところで、なぜこんなによく釣れるのか、その「なぜ」がもうひとつはっきりしない。だから、魚が魔法にかけられたみたいに飛びついてくるのはいいとしても、同時に、使っている僕自身もなんだか魔法にかけられているみたいな気分になるのである。そうなると、気持のおさまりがわるい。

十二番十四番のエルクヘアー・カディスは、姿形と色あいからして、ヒゲナガカワトビケラの成虫のイミテーションといちおうは考えられる。もう少し範囲をひろげて、やや明るめの羽の色をもつシマトビケラ科のうちのいくつかを考えに入れてもいい。

ヒゲナガは蛹《さなぎ》が泳いで水面に達し、そこで脱皮して羽化する。もたもた遊んでいたりせず、サッと飛び立つ。シマトビケラ科の多くも同様。渓流魚が食餌として狙うとすれば、蛹として浮上するとき、つまりピューパのときが圧倒的に多いはずなのだ。カゲロウが亜成虫（ダン）として水面から飛び立つときのような時間的余裕はあまりなさそうである。

また、ヒゲナガは、群飛してオスとメスが交尾したあと、メスは水中にダイヴィングして石に卵を産みつける。このとき水面を這いまわったり、水流に巻きこまれて潜ったりと、かなり複雑な動きをするらしい。そのときが、渓流魚が狙う好機なのだろうか。

和式の毛鉤釣り師が、フライ・フィッシングでいえばウェット・フライに分類される毛鉤を水面直下に流し、流しながら毛鉤に微妙な動きを加える。あれはトビケラのつもりなのではないか。ある場合は羽化のために浮上する蛹に見せ、ある場合は産卵のために水面を這いまわったり水中にもぐったりするメスの動きに見せる。だから、蛹段階と産卵する成虫と、一個の毛鉤が別々の二役をこなして、すごく効率がいいやり方といえそうである。

この推測が当っているとすれば、エルクヘアー・カディスをできるだけ自然に流れにのせて、つまりナチュラル・ドリフトにして、それに魚がよく出ることへの説明がいよいよつかなくなる。極端にいえば、和式毛鉤釣り師にならって、がんがんドラッグをかけたほうが正しい使い方ということになってしまう。

というしだいで、エルクヘアー・カディスが「なぜ」あのように魔術的効果を発揮するのか、もうひとつわからない部分がある。それでも魚は釣れるのだから、ほんとうに困っているわけではないのだけれども。

あるいは、発想を大転換したほうがいいのかもしれない、と近頃は思う。エルクヘアー・カディスは、ヒゲナガをはじめとするトビケラ類のイミテーションではない、と考えるのだ。ヤマメやイワナが、チラッと見て水生昆虫の成虫だと錯覚してしまうような特徴をそなえた、シンボリックなフライ、それがエルクヘアー・カディスである、と。シンボリックなイメージのなかに、トビケラのそれがなにがしか含まれているとしても。

数々のウルフ・パターンを創案したリー・ウルフは、シンボリックなフライこそ最強のフライであると、つねに力説していた。ウルフ・パターンは、厳密にいえばどんな虫にも似ていない。

ライズ伝説

静かな流れに、微かな音とともに、同心円をつくって水の波紋がひろがる。ライズの水の輪だ。水面に流れてくるもの、水面から飛び立とうとするもの、水面に落ちてくるもの。そういう昆虫を魚たちが水面か水面すれすれで捕食しているときに生じる水の輪は、ある種の人びとにとってはそれ以上のもの、たとえば流れが浮かべる謎の頬笑みのように感じられるらしい。

彼らは、頬笑みに惑溺する。すなわち、ライズ狂になる。その熱狂ぶりはあまりにすさまじく、もしかすると魚を釣ることよりもライズに出会うのが好きなんじゃないか、と思ってしまうほどだ。

岩手のUさん（特に名を秘す）は「護岸派」の巨匠である。「護岸派」について大急ぎで説明すると、里川で高々と護岸がほどこされていると、おおむね護岸の下は流れがゆるやかに一定していて、しかも適当な深さがある。近頃ではよく見る、あたり前の流れだ。川を歩いていてそういう場所に来ると急に目が生き生きと輝き、そこに取りついて動かなくなるフライ・フィッシャーマンを、僕は護岸派と名づけた。

Uさんは護岸派の巨匠にしてライズ狂。そしてライズ取りの名手である。彼が熱意をこめていったことがある。

「川全体が渇水気味の七月の午後なんかで、護岸のあるところだけは水が十分ある。そんなとき、護岸すれすれのところに大物が定位して、バシャッ、バシャッとライズする。そのライズの飛沫が渇いたコンクリートの壁にかかって、水のしぶきの跡が模様みたいに点々とつくんですよ、うっすらと。あれがもう、たまらなくいいなあ」

Uさんは技術者であり、ロマンチックな発想をする男ではない。そのUさんが話しながら山の彼方の空遠くを望むような目つきになった。技術者にしてこの感覚。なんだか恐ろしい。

もう一人ライズ狂がいる。カメラマンの和田悟さんは、釣りの分野でも『北アメリカ　全野生鱒を追う』というすばらしくユニークな写真集がある。発想が並ではない。僕は疲れたときにこの写真集をぼんやり眺めて、アメリカの川を夢みる。そして和田さん自身のフライ・フィッシングも、同様に発想が並ではない。

何度か一緒に釣りをしたことがあるので、この目で見ている。和田さんは、二昔ぐらい前の、漆黒の大きな偏光グラスをかけて釣りをする。レンズがダース・ベイダーみたいに黒くて大きいので、このひとは心の闇を隠すためにそんな偏光メガネをかけているのかと思ったほどだった。

そういう心の機微にふれるようなことを訊ねてはいけないと思いながら、知りたい好奇心をおさえかねて、「きょうみたいな曇りの日にはそのメガネだとずいぶんあたりが暗く見えるでしょうね」と聞いてみた。

和田さんは平然と「ええ、でも暗く見えるぐらいじゃないと、効果がないんですよ」と答え、その事情を説明してくれた。そうやって暗さに目を慣らしておいて、イヴニング・ライズの時間には、パッと明るい偏光レンズにかけ直す。すると夕闇が下りてきても、あたりがいつまでも明るく見えるから、見えにくくなって困るということがない。

じっさい、彼は闇に没した川のなかで、魔術師みたいに見えないライズを取りつづけ、昼の漆黒メガネの沈鬱な表情がウソだったみたいに、大釣りをしてフフフと笑うのだった。


むろんライズは昼夜問わずあるのだが、やはりイヴニング・ライズのほうが頻度が高いせいか、こっちに色めきたつひとが多い。

では、なぜイヴニング・ライズというものがあるのか。
①水生昆虫が水が適温になる時間に集団的に羽化《ハッチ》する。②羽化する水生昆虫を狙って魚の採餌行動が活発になる。そのさい魚にとっても水が適温になってもいる。③暗さが魚の採餌行動を大胆にする。
このうち③は、釣りびとによるプレッシャーをさしているわけだが、近頃の川ではこれがバカにならない要素である。夕暮れのなまじの暗さでは魚もまだ安心してライズできないということがあるのではないか。

もちろん、夏は水温が高く、夜になってから羽化する水生昆虫があり、それにしたがって夜にライズがさかんになる。だから夕暮れの川辺をウロウロしている釣りびとのプレッシャーばかりとはいえないのだが、電気のない昔は人びとが今よりずっと早く寝たように、ヤマメやイワナも昔は早寝だったかもしれないね。

とにかくフライ・フィッシャーマンのイヴニングはどんどん後ろのほうにずれこんで、夜の八時九時になってもまだ頑張っているひとがけっこういる。次の話は、そういう夜の釣りびとの怪事件である。ところは大分県、僕は二人の釣りびとAとBを知っていて、二人からべつべつにこの話を聞いた。

AとBはともに四十代、ともにフライ・フィッシングのベテランだが、どういうわけか仲が悪い。なにか僕の知らない歴史的因縁があって、お互いに相手に対し浅からぬウラミをいだいているようすなのだ。

山村を流れる小渓流に、四メートルばかりの低い堰堤があり、堰堤下のプールは小渓流にしては広く深い。初夏の夕方（まだ明るいとき）、Aはそこにおそらく四〇センチはあろうかという巨大なヤマメが半身をあらわしてライズするのを見た。

Aはだれにもいわず、夕方になるとそのプールへ行ってフライ・ロッドを振った。いくつかの中型は釣ったけれど、それは現れない。二、三日すると、Aの釣り時間はどんどん遅くなって八時すぎにまでなった。だれかがその巨大ヤマメを発見する前に釣りあげたい。とりわけ油断ならぬBなどがそれを釣ったら、泣くに泣けない。

何日目かの夜、プールの一角でバシャッという大きな水音がして、白泡が立った。すわ、巨大ヤマメのライズに違いない。Aは血相を変えて十二番のエルクヘアー・カディスをライズに向かって投じつづけた。反応なし。十分ぐらい経って、さっきより少し離れたところで、またハデなライズ音。Aはフライを十二番のライト・ケーヒルに替えて、またキャストにつぐキャスト。あきらめかけたとき、二度目のライズ音からまた少し離れてバシャン。それをくり返すこと五回。五度目のライズ音の直後、ワーッという叫び声のようなものが聞えると同時に、大きな黒い影が堰堤の端っこから落下してきて、すさまじい水音が立った。

Aは肝をつぶした。一瞬凍りついた後、プールの端っこにバシャバシャともがくものを認め、かねて用意していた強力なサーチライトの光でそれをとらえた。ずぶ濡れになったBが、這うようにしてプールの岸からあがるところで、まぶしそうに、また恨めしそうに自分をとらえている光のほうに顔を向けていた。

そのあと、AとBがいかに烈しくののしりあったかは、つまらないから省略。

Bのいい分はこうだ。そのプールの巨大ヤマメを発見したのはAよりも自分のほうが早い。何日か通った後、どうやっても釣れないので少し休んだ。あきらめきれずにしばらくして行ってみると、なんと憎いAが血相変えてロッドを振っているではないか。あいつにあれを釣られてなるものか。

それから二、三日、BはAの夕方の釣りが気になってひそかにAの跡をつけた。Aの夕方の釣りが夜の釣りになったのを見て、それを妨害すべく行動を起した。

Aが夜釣りをするようになって三日目だったか、夜陰にまぎれて堰堤の上に身をかがめ、持参したコブシより少し小さいぐらいの石をAが釣っているプールに投げた。ごていねいにもライズらしい音にするため、石の大きさと投げ方を昼間のうちに十分に研究しておいた。

首尾よくライズ音でAをからかうことができ、堰堤のコンクリートの上で悦に入ったのはいいが、調子にのりすぎたせいか、自分が持参して並べておいた投石用の丸石を踏んで足をすべらせ、石の替わりにわが身を水中に投じたというわけだった。

石のライズ音のたびにAが色めきたってキャストする、その表情が闇のなかでは見えなかったのが、残念至極の心残りだけど、とBはいった。

感想無用。黙って聞いて、黙って笑っているしかない話である。

いつも、次の年

いつも、次の年。といっても、今年もまた釣れなかった、次の年に望みをつなごう、という意味ではない。そのような嘆き節を歌おうというのではない。

気分としてはむしろ逆で、今年のこの川でのこの釣り、この楽しい時間をまた次の年にも確実にもちたい。そういう願いのなかで、また次の年に、と思っているのである。

しかし、期待通りに「次の年」が来るとはかぎらない。近頃は、次の年に同じ川で同じ釣りができることが少なくなった。その理由はさまざまである。

その①。岩手の、大切にしていた美しい川が台風のときの大水でこわれた。谷に入る林道が崩壊でずたずたになったばかりではない。川岸の土壁がくずれて川に濁りが入りっぱなし。回復は何年先になることか。

その②。二、三年前からよく釣れるようになったということが、どこからか漏れたらしい。今年は春から遠来の車が右往左往していて、どうにもならない。あの川はしばらくあきらめよう、と山形の地元の仲間が知らせてくれる。

その③。川の流れが格別に変わったわけじゃない。流れは昨年も一昨年も一緒。また急に釣りびとが増えたわけでもない。でも、今年の春から何度行ってもダメ、誰が行ってもダメ。原因不明というのはいちばん困るのだけれど、そんなふうにして、僕たちの「次の年」が消えてしまう。

夏に岩手の典型的な山岳渓流に出かけた。同行は大迫に住む高橋啓司。先に示した三番目の理由から、ここ数年足が遠のいていた谷だ。しかし、昔は啓ちゃんと二人で、また時には数人の仲間も加わって、年に二、三度はその険しい谷に入った。

広い谷に、高さ五メートルから一〇メートルの巨岩が折り重なっている。見上げると、大きな壁のようだ。足場を選んで壁をよじのぼり、上に出る。平らな、あるいは傾斜のゆるい流れが現れ、しばらくそれがつづいたあとで、また行く手をふさぐ巨岩の壁になる。そのくり返しが、長々とつづく山岳渓流をつくっている。

入渓点は二つある。以前はそこに林道のゲートがあった、急峻な谷がそこからはじまる地点。その三キロ上流で、もう一度林道が谷に接近し、林道から分かれた支道が谷にかかる橋まで通じている。第一の入渓点から入ると三キロ先の橋で上がるわけだが、その橋からが第二の入渓点。そこから入ると、その先で谷は林道から大きく離れるから、谷づたいに戻ってくるしかない。

七月八日、薄ぐもり。午前十時近く、上流のほうの入渓点から谷に下りた。

橋から見下ろしていた小さな淵に無雑作に近づくと、いい型のイワナが走った。こんなところにいるのだから、どうやらこの谷は大丈夫そうだ。少し後ろでティペットを点検している啓ちゃんのそばに寄ってそういうと、彼はひげのあいだから白い歯を見せて笑った。

この三年間、なぜこの谷に入らなかったのだろう。何度もそう思ってしまうほど、魚はよく出た。たぶん三年よりさらに前の数年が、徹底的に不振だったのに違いない。

谷ぜんたいが、明るく発光していた。夏の日ざしは空を覆っている雲によってさえぎられていたが、壁をつくる巨岩も、流れを縁取る大小の石も、すべて白っぽく、そのために谷が明るい。

傾斜が緩やかになると、広い流れが左右のどちらかに寄って、好ポイントになった。ブナやコナラの枝が流れの上に張りだし、イワナたちの住みかの屋根をつくった。そういう場所に来ると、啓ちゃんと並んで交互にロッドを振った。二七、八センチ以上はいなかったが、同じ流れから何匹かの魚が出た。

僕が先に一匹かけた後、啓ちゃんが同じ場所に立ってさらにラインをのばし、小さな段状の石の下から始まる流れにパラシュート・アントをのせる。赤いインジケーターがふるえながら流れの折り目をぬって移動し、魚の影が水面に出てそれを襲う。

啓ちゃんがゆっくりとラインをたぐり、リールを巻き、またたぐる。僕は笑っている彼の横顔と、水中で左右に体をかえしている型のいいイワナを交互に見る。見ながら、これは何年か前に、同じ谷の同じ流れで起こったことと寸分違わない場面だと思う。

あの時も僕たちは夏の強い日ざしのなかにいて、啓ちゃんの日焼けした顔も夏の光にさらされていた。記憶のなかの場面が頭のなかでせり出してきて、今自分が見ている場面に重なる。その重なった部分に、昔この谷を歩いたいくつもの夏がある。

そう思ったとき、胸が奇妙にふるえた。たぶん、僕はかつて何度もこの谷を歩いたときのように、たぐいまれな、満ちたりた時間のなかにいる。この時間を、来年も、またその次の年も、もつことができますように。そう思った。

大きな岩と岩のあいだに、穴倉みたいな水のスポットがあり、むろんそこでも水は動いていた。三〇センチを超すイワナが、三度そんなスポットから出た。太ったやつも、妙にひょろ長いやつもいた。岩と岩のあいだのスポットにもぐりこんだのだから、そのとき僕はひとりでいて、尺物の顔つきをしげしげと見やってから水に戻した。魚はじつに迷惑そうな顔をしながら、岩陰のどこかへと戻っていった。

三時間、大岩にへばりつきながら流れをさかのぼった。魚はずっと釣れつづけた。啓ちゃんと流れの前に並んで立ったとき、気持に区切りをつけるように、「戻ろう」と提案し、白い大岩のあいだを足場を求めながらゆっくりと戻った。急ぐ必要はない。しかし休まずに、一気に歩いた。入渓した橋が見えたとき、不意に夢から覚めたような気がした。そして、夢のつづきを来年も見たい、と思った。

谷が閉じる日

谷が閉じる日、それはそのシーズンで自分が最後に釣りをする日、である。その後はおよそ半年のあいだ渓流釣りをしないのだから、ケジメがつくようないい釣りをしたいと思う。

しかし、この場合のケジメって何なんだろう。大物が一匹釣れればいいのか、数がたくさん釣れればいいのか。最後の一日がどんな一日であっても、よし、これで今年は終り、あとはまた来年、というふうにすっきり思えることなんて、めったになかった。最後の日の時間は容赦なく流れ、とりわけ秋の日はおそろしく暮れるのが早く、気がついたときには流れから上らなければならない暗さになっている。流れから追い出され、釣り仕度を解いて、橋の上などから闇に包まれていく流れに目を向けると、これで谷が閉じるんだと否応なく思わせられる。納得ずくではない、時間切れ。それが僕にとっては最終日のありようだった。

それでも最後の日はやっぱりジタバタする。ケジメがつくようないい釣りがしたいと、そうならないのは十分わかっていても、どこかで思いつづけているのかもしれない。

もう十年ほども前になるが、九月の十七、十八日頃、秋田の「秘密の川」へ最終釣行したことがあった。秋田の友人が見つけた秘密の川は、とくに秘密めいた場所にあったわけではなく、谷に入るのが難しいわけでもなかった。盲点みたいに大方の釣りびとから忘れ去られていたのだろう。ただ、少し奥まったところに流れていた。その年の晩春と夏に二回行き、そのたびに快適きわまりない釣りをした。

最終日、朝の八時過ぎ、友人と二人で露に濡れた草むらをかきわけて谷に下りた。二日前に降った雨のせいか少し増水ぎみで、水面のすぐ下に白い薄いヴェールが一枚かかっているように見えた。

そういう流れのほとんどすべてのポイントから魚が出た。十四番のエルクヘアー・カディスをくわえた大型のヤマメを手もとに寄せるたびに、水中で手を添えて、しばらく見とれずにはいられないほど魚は美しかった。頬から体側にかけて薄紅色の婚姻色がひろがりはじめていた。

しかし、陶酔は午後二時で終った。堰堤の下で遅い昼飯を食べ終え、急峻な斜面をよじ登って昔の林道に出ると、奇妙なモノが僕たち二人を待っていた。道のわきに、強烈な異臭とともにクマのでっかい糞があった。

この秋、このあたりはクマの出没がはげしい。いちばん近い集落のクリ林にも現れた。秋田の友人はそういう情報を得ていた。湯気こそ立ってはいなかったが、道端の大きな糞はかなり新しい。けさ早くのものだろう、と友人はいった。

僕たちは退散することにした。堰堤の上にはちょうどここまでと同じくらいの流程でいい流れがある。最終釣行の日、その流れをあきらめるのは辛いことではあったが、仕方がなかった。

その日の残り時間、秘密の川が流れ込んでいる本流で右往左往した。そんなときのご多分にもれず釣果はさんざんで、三時間、本流でキャスティングの練習をしたようなものだった。そして夕闇が下りてきて、僕は少しホッとしたような思いでロッドをしまった。時間切れを待っていたみたいな、ケジメのつかない最終日だった。


こんな最終日もあった。

岩手県の川での釣りの、最後の二日間を一関に住む吉田喜春さんが同行してくれた。一日目、朝六時に川の入渓点近くに行くと、先着の車がいた。そういう場合を想定して前夜相談しておいたように、僕たちは廃道になってひさしい林道を二時間かけて歩いた。ずっと上流にある二つの支流の一つに入るためである。

今年の岩手は、九月に入ってから大雨が二回あって、多くの川が大増水した。そのために、真夏の渇水がようやく解消したと思ったら、今度は水が多くて釣りにならなくなった、と岩手の友人たちは嘆いていた。僕たちが釣ろうとした川はごくわずかな例外の一つだったらしい。草をかき分けるようにして歩いたあと、下り立った川は平水か、あるいはふだんより減水気味だ、と吉田さんはいった。

最上流部といっても、かなり広い谷だった。進むにつれて、赤っぽい色をした滑床がつぎつぎに現れた。不用意に滑床に足を踏み入れると、魚が浅い流れを逃げまどうように走った。それを見るだけで、長時間歩いて来たかいがあると思った。

見える魚も釣れたし、見えない魚も釣れた。そんなに深くない、長いトロ場にいるイワナはのんびり定位していて、長いラインとリーダーの先のフライに（カディスでもアントでもパラシュートでも）、ゆっくりとためらいなく食いついた。

三時に釣りを終えた。来たときよりは歩くペースを落として、いい気分で草の道を戻った。きょうが最終日なら、きちんとケジメがついたのにな、と頭の中でチラッと思うほどの余裕があった。

そして翌二十九日、僕にとって今年の最終日は、まったく不発に終ったのである。前日の美しい渓相と、静けさのなかでのんびり戯れていた魚の姿が忘れられず、また二時間以上歩いて、きのうやめた地点から釣りはじめた。しかし、魚は姿を消していた！

不思議だ不思議だと、吉田さんと首を傾げながら魚止めの滝まで進んでみたが、釣果はきのうの五分の一。すっきりしない気持で早目にロッドを仕舞い、林道を引き返した。草に埋もれたその帰路の長かったこと！　その最終日をいま思いだしてみると、歩きに歩いた道の両側につづく、ススキの白い穂の群れが目の底に残っているばかり。

あとがき

渓谷に入っている時間、フライ・ロッドをもってヤマメやイワナと戯れる時間が、近頃ではとりわけ貴重なものに感じられる。昔から渓谷での時間は特別な色あいを帯びてはいたのだけれど、年をとったせいだろうか、その時間は胸に迫るような、なにか痛切な輝きを放っているように思われる。

おそらく、渓流での時間のなかで、僕は「自然」の入口におずおずと立っているのだろう。どこへ連れていかれるかわからないままに、入口から「自然」の一部を覗き見る、深い喜びがそこにはある。そのような特別な時間に自分が包まれることを、「ヤマメの魔法」にかけられたせいだ、といってみた。もちろん、ヤマメだけに限らない。イワナの魔法でもいいし、ニジマスの魔法でもいい。願うのは、いつまでもこの魔法が解けませんように。

そして、この「ヤマメの魔法」という言葉は、敬愛するアメリカのフライ・フィッシャーマン、ロバート・トレーヴァーからの（無断）借用である。トレーヴァーが何者であるかは本書の第Ⅲ部で紹介したが、彼の名エッセイ集に『鱒の魔法（Trout Magic）』という一冊がある。それを勝手に借りたことをここで断っておきたい。

この本のもとになった原稿は大別して三つある。

ひとつは雑誌「フィッシング・カフェ」の連載エッセイ「約束の川」として書いたもの。編集の遠藤昇さんの多大なご尽力によって、現在も連載中である。

もうひとつは、雑誌「フライロッダーズ」に特別読物として掲載されたもの。第Ⅱ部の一篇が比較的長いエッセイがそれである。このばあいは、鈴木幸成さんの力強いご助力を得ている。

三つ目は、「フライロッダーズ」に二〇〇六年から二〇〇八年にかけて、「森と渓流の図書館」という通しタイトルで連載したものから選抜した数篇である。いずれも、楽しい仕事だった。

そんなふうに気ままに書いてきた文章を、一冊の本に編集し、上梓するまでに運んでくれたのは、畏友の刈谷政則さんである。刈谷さんに釣りエッセイの本をつくってもらうのは二冊目だが、彼にしてみればまったく知らない釣りの本などつくるハメになって、溜め息をついているに違いない。そして刊行の手はずを整えてもらったのは、これまた以前からつきあいのある筑摩書房の青木真次さんである。このお二人のご配慮に深く感謝している。ありがとうございました。

装丁は、これまた昔からの友人で、端倪《たんげい》すべからざるデザイナーの渡辺和雄さんにお願いすることができた。渡辺さんは、何度も渓流に同行してくれたカメラの松岡芳英さんの写真を大胆に駆使して、もったいないような美しい本にしてくれた。お二人に御礼を申しあげます。

二〇一四年三月初旬の、暖かい日に

湯川　豊

Ⅲ 渓流図書館

セルビアの白鷺 「Fly Rodders」2007年7月号

大きな二つの心臓の川 「Fly Rodders」2006年7月号

遺産 「Fly Rodders」2007年1月号

ア・フライフィッシャーズ・ライフ 「Fly Rodders」2006年11月号

フランク・ソーヤーの生涯 「Fly Rodders」2008年3月号

フライ・フィッシング 「Fly Rodders」2007年9月号

雨の日の釣師のために 「Fly Rodders」2007年11月号

つましき釣り師 書き下し

Ⅳ 特別な一日

その魚は見えなかった 「Fishing Café」2007年Winter

花ひらく頃 「Fishing Café」2007年Spring

雪を吸うイワナ（「春の名残り」を改題）「Fishing Café」2009年Spring

特別な一日 「Fishing Café」2009年Winter

ノウゼンカズラのある道（「夏の流れのほとりで」を改題）「Fishing Café」2007年Autumn

きらめく水の奥へ（「緑の森の奥へ」を改題）「Fishing Café」2008年Autumn

エルクヘアー・カディスの魔術（「エルクヘアー・カディスの魔法」を改題）
「Fly Rodders」2003年7月号

ライズ伝説（「頬笑む水の輪」を改題）「Fly Rodders」2003年9月号

いつも、次の年 「Fishing Café」2010年Winter

谷が閉じる日 「Fishing Café」2008年Winter

【初出一覧】

＊ すべてのエッセイは、雑誌初出原稿に大幅な削除と加筆が行なわれている。

Ⅰ イワナよ、目を覚ませ

あの川はどこへいった 「Fishing Café」2006年 Autumn

春を待つとき（「春を待ちながら」を改題）「Fishing Café」2012年 Spring

春、立ち返る 「Fishing Café」2013年 Spring

花のジンクス 「Fishing Café」2011年 Autumn

イワナよ、目を覚ませ 「Fishing Café」2010年 Autumn

十五年の後に（「あの谷間、十五年の後に」を改題）「Fishing Café」2012年 Autumn

見える魚 「Fly Rodders」2005年7月号

真夏の夜の闇 「Fishing Café」2013年 Autumn

季節の終りに 「Fishing Café」2013年 Winter

いくつもの夕暮れ 「Fishing Café」2014年 Winter

Ⅱ 物語のように

北国の熱狂者（「北国の渓の物語」を改題）「Fly Rodders」2007年5月号

ヤマメの魔法 書き下し

秘密の谷（「秘密の谷、忘れられた川」を改題）
　　『渓流讃歌』（地球丸／2009年5月刊）所収

川が頬笑むとき（「川がほほえむ時」を改題）「Fly Rodders」2009年9月号

懐かしい川 「Fly Rodders」2013年7, 9, 11月号

湯川 豊（ゆかわ・ゆたか）

文芸評論家、エッセイスト。

1938年新潟市生まれ。慶應義塾大学文学部卒。1964年、文藝春秋に入社。「文學界」編集長、同社取締役などを経て退社。

その後、東海大学文学部教授、京都造形芸術大学教授を歴任。

2010年『須賀敦子を読む』で読売文学賞を受賞。

その他の著書に、『イワナの夏』『夜明けの森、夕暮れの谷』『本のなかの旅』『植村直己・夢の軌跡』などがある。

装丁——渡辺和雄

写真——松岡芳英

ヤマメの魔法《まほう》

2014年4月25日　初版第1刷発行

著者――湯川 豊
発行者―熊沢敏之
発行所―株式会社筑摩書房
東京都台東区蔵前2-5-3　郵便番号111-8755　振替00160-8-4123
印刷――株式会社精興社
製本――牧製本印刷株式会社

ISBN978-4-480-81675-7 C0075